多様性で人材格差を乗り越える

―時代をリードする小企業の働き方改革―

日本政策金融公庫総合研究所 編

はしがき

日本経済において人手不足が続いている。有効求人倍率はバブル期の水準を超えた。経営上の課題に求人難を挙げる企業の割合は、バブル期の水準に迫りつつあり、状況は深刻だ。バブル期の人材不足は労働力の需要が急増し、需給バランスが大きく崩れたために起きた現象だった。したがって、バブルが崩壊し、需要が急速に縮小するとともに、人手不足は解消に向かった。対して今回の人手不足は、需要の増加もさることながら、労働力の供給が細ってきていることが大きな要因である。そのため、労働力の需要が一時的に縮小しても、人手不足の根本的な改善にはつながりそうにない。

結果として、今後、企業間での人材獲得競争が激化することになる。そしてその影響は、規模の小さい企業ほど重くなる可能性が高い。高い賃金を提示できるだけの利益を確保できていないこと、知名度が低く採用力が弱いこと、労働力を代替するための設備投資を行う余裕に乏しいことなどが、その理由である。規模の大きい企業が多くの人材を吸い寄せ、ますます規模を拡大していき、規模の小さい企業は人材を集めることがかなわずに停滞する。いわば「人材格差の時代」の到来である。

これまでは、たとえ規模が小さくとも、きらりと光る技術で生き残りを図るといったことも可能だった。しかし、その技術を受け継ぐ人がいなければ、もはやどうすることもできない。人材を獲得し育成する力は、企業が中長期的に競争力を維持し強化していくうえで不可欠な要素といっても過言ではなく、小企業が喫緊に備えなければならないものになってきている。

もちろん、小企業であっても人材を引きつけることは可能だ。小さな企業だからといって、すべてが人材の確保に苦労し、その結果として業績が上がらないというわけではない。小企業が大企業と比べて人材の問題に苦労する基本的な構図は変わらないが、なかにはさまざまな工夫でうまく人材を確保・育成し、事業の成長につなげている企業も少なからず存在する。小企業には小企業なりの人材獲得の方法があるはずだ。

では、その方法はどういうものだろうか。着目すべきは、小企業が就業者の働き方に関する多様なニーズに応えている点だ。２０１７年3月に政府は「働き方改革実行計画」を打ち出し、柔軟かつ多様な働き方の促進に乗り出したが、実は多くの小企業が以前からそうした働き方を提供している。子どもの送迎をしなければいけない女性の短時間勤務を認める、いつまでも現役で働きたいという高齢者を年齢に関係なく雇用し続ける。小回りの利く柔軟な組織を生かして多様な就業ニーズに応えていくことは、小企業において人手不足の問題を解決する決め手にもなると思われる。そうした観点から、日本政策金融公庫総合研究所は、2018年度に小企業における働き方の実態や人材活用の方策を探った。本書はその成果をまとめたものである。

本書の内容は、第Ⅰ部総論、第Ⅱ部事例編、第Ⅲ部データ編の三つで構成されている。第Ⅰ部の総論は、人材の採用・育成・定着に成功している小企業に対して実施した事例調査の結果を分析したものである。初めに小企業が人材の確保・育成に苦労する背景とともに、小企業が雇用の多様性を生み出す存在であることを示したうえで、事例企業の取り組みについて分析している。小企業の人材活用にかかる取り組みは多様であり、一見すると捉えどころがないように感じてしまう。そこで、分析に当たっては、取り組む目的、具体的な内容、得られる成果、小企業の特徴との関係、の四つの視点から整理し、共通項を見出したり類型化したりすることで、経営の参考にしやすくなるよう心がけた。

第Ⅱ部事例編では、事例調査を実施した小企業12社の詳細をインタビュー形式で紹介している。取材と執筆は日本政策金融公庫総合研究所のスタッフが担当した。定年退職した優秀な高齢者を採用し、短時間勤務を取り入れるなどして働きやすい職場をつくっている小企業、配偶者の転勤で従業員が遠方に引っ越しても、継続して働けるようにテレワークを導入した小企業、東京の本社から離れた地方にオフィスを開設して、仕事だけではなく趣味や生活にも全力で取り組める環境を用意した小企業など、各社の取り組みは実に多彩であり、小企業が層として多様な働き方を提供していることが読み取れる。

そして第Ⅲ部データ編は、雇われる側である就業者の立場から小企業における働き方を評価するものである。連合総合生活開発研究所が就業者に対して実施している「勤労者の仕事と暮らしについてのアンケート」のデータを利用し、企業規模別に仕事への満足度に関する分析を行っている。その結果からは、小企業だからといって就業者の満足度が低いわけではないことや、小企業は中小企業や大企業ではなかなか満たされない就業ニーズをかなえてくれる存在であることが確認できる。小企業が提供している働き方は、間違いなく就業者に受け入れられていると結論づけられよう。

多くの統計調査が示すとおり、小企業は相対的に賃金が低く、休日数などの労働条件が劣る。しかし、こうした条件を補って余りある魅力的な働き方を提供していることはそれほど知られていない。背景には、小企業の経営者自身がその魅力に気づいていないこと、気づいていても世の中にうまく発信できていないことがある。小企業の人材に関する問題を乗り越える鍵は、実は経営者自身の意識にある。本書を通じて、小企業の経営者が自社で提供できる働き方の魅力を改めて認識するとともに、その魅力が世間に浸透し、人材不足の問題に悩む小企業が減っていくのであれば、望外の喜びである。

最後に、ご多忙のなか、わたしどもの取材に快く応じ、貴重なお話を聞かせてくださった経営者の皆さまに、改めて心から御礼を申し上げる次第である。

2019年6月

日本政策金融公庫総合研究所
所長　武士俣 友生

目　次

第Ⅱ部　事例編

課題対応型

事例1　伝統紡ぐ1日5時間の集中力……73
クスカ㈱
（京都府与謝郡与謝野町、絹織物製造・販売）

事例2　オンもオフも妥協しない職場づくり……85
サイファー・テック㈱
（徳島県海部郡美波町、セキュリティー対策ソフトの開発・販売）

事例3　笑顔になれる取り組みで従業員が定着……97
㈱ザカモア
（福井県坂井市、靴のインターネット販売）

事例4　地域活動への参加で育つ従業員……109
㈱大志建設
（静岡県沼津市、土木工事、造園工事）

事例5　働きたいをかなえるサテライトオフィス……121
㈲データプロ
（徳島県三好市、ウェブサイト制作）

事例6　生涯現役を果たせる環境を整備……133
㈱テラサワ
（埼玉県秩父郡横瀬町、水処理設備開発・製造・販売）

理想追求型

事例7　家族満足度の向上が経営の支え……145
アライツ社労士事務所
（愛知県名古屋市、社会保険労務士事務所）
事例8　優秀な人材を確保する短時間勤務と副業……157
イニシアス㈱
（東京都三鷹市、障害のある子どもの運動療育教室）
事例9　支え合いが可能にする仕事と生活の両立……169
㈱エムディーシー
（東京都渋谷区、映像の企画・制作）
事例10　長時間労働を解消した移住という選択……181
㈱スマートデザインアソシエーション
（福岡県福岡市、ウェブコンサルティング、移住サポート、シェアオフィス運営）
事例11　従業員の成長が生み出す価値……193
㈱パルサー
（宮城県仙台市、自動券売機や自動販売機などの販売・レンタル・メンテナンス）
事例12　企業と主婦の出会いをプロデュース……205
NPO法人ママワーク研究所
（福岡県福岡市、女性の復職支援）

第Ⅲ部　データ編　企業規模別にみた就業者の仕事への満足度

第Ⅰ部　総論

多様な働き方の受け皿となる小企業群

1 小企業における人材活用の問題

改めて述べるまでもなく、人手不足は経営にとって大きな問題だ。仕事量に対して人員が足りていないことから、二つの点で企業の将来に影を落とす。

一つは、売り上げ増加の機会を逃してしまうことである。忙しくて対応できず注文をこなせない。無理に対応したとしても、通常時より手間や時間をかけられない。対応することだけが目的となったおざなりな作業になれば、品質は低下してしまう。顧客に本来の価値を提供できず、十分に満足してもらえない。その結果、次の受注がなくなるだけではなく、場合によっては悪評が広まって地道に築いてきた信用が失われる事態となってしまう。

もう一つは、従業員の負荷になってしまうことである。人手不足が一時的ですぐに解消されるのなら、その期間、遅くまで残業するなどすれば、何とか対応できるかもしれない。しかし、恒常化してしまうと事態は深刻になる。多すぎる仕事量は仕事偏重の生き方を強いるものであり、働く人を徐々に疲弊させていく。やがて、健康を害する人や私生活を犠牲にできなくて辞める人が出てくる。残される従業員にはますます多くの仕事がのしかかり、さらに人が辞めていくという悪循環に陥ってしまう。

人手不足の問題は、多くの経営者が一刻も早く解消したいと考える。しかし、特に小さな企業においては、容易に解決できるものではない。人手不足を解消するには、必要な数の従業員を採用し、その能力を存分に発揮してもらうための育成が必要だ。採用してもすぐに辞められては意味がないので、定着を図るための取り組みも重要になる。小企業はこの採用、育成、定着のすべてにおいて苦労することが多い。

その理由は何か。そもそも小企業は労働条件が相対的に劣る点が挙げられる。

例えば、厚生労働省「平成30年賃金構造基本統計調査」より、短時間労働者以外の一般労働者（正社員・正職員以外を含む）の男性（全年齢）の賃金（6月分の所定内給与額）を企業規模別にみると、大企業（常用労働者1000人以上）の38・7万円、中企業（同100〜999人）の32・2万円に対し、小企業（同10〜99人）は29・2万円である。大企業を100とすると中企業は83・1、小企業は75・5となる。年齢による賃金の変化、いわゆる賃金カーブをみても、伸び率は大企業のほうが高い。大企業で賃金が最も高くなるのは50〜54歳で、その額は50・7万円である（図１−１）。20〜24歳の賃金22・1万円の約２・３倍である。対して小企業では50〜54歳で賃金が最も高く、その額は33・8万円、20〜24歳の賃金

図－1　年齢階級別の賃金

① 男　性

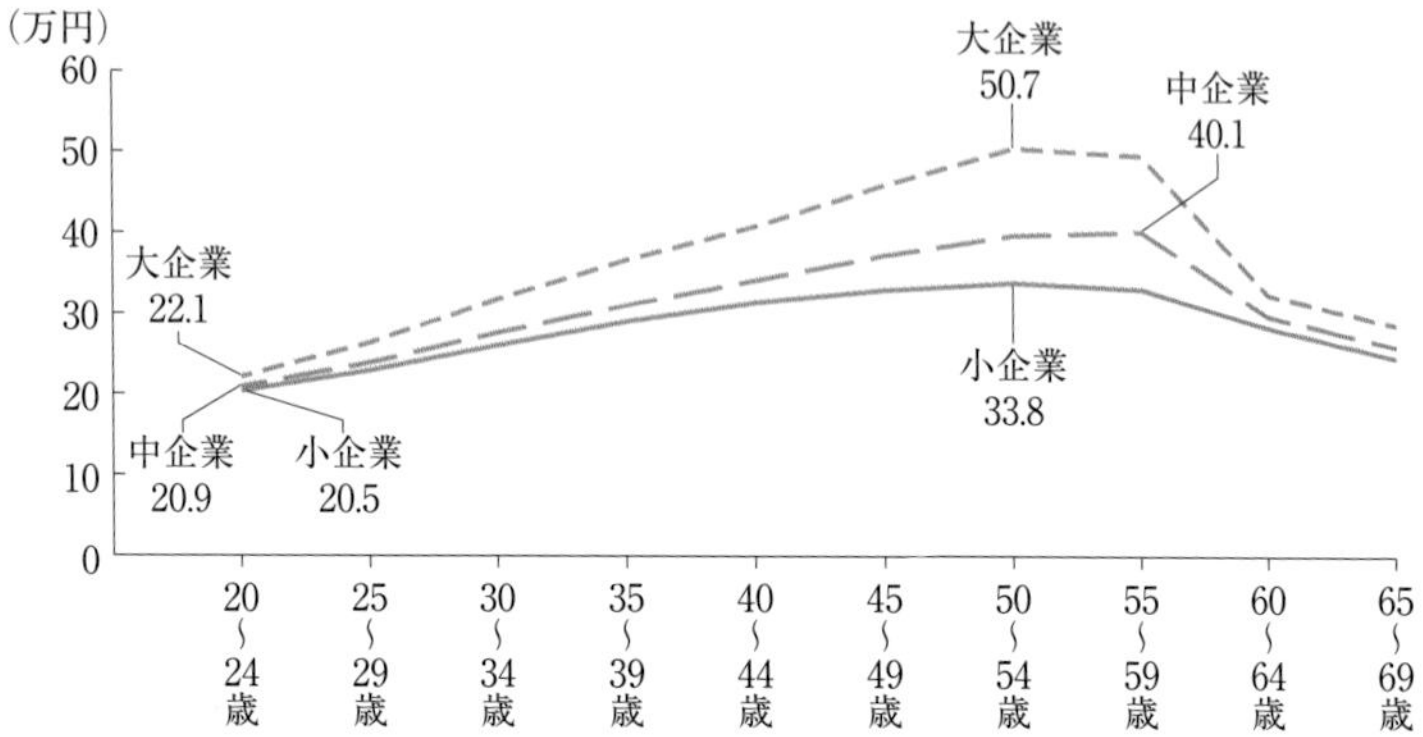

② 女　性

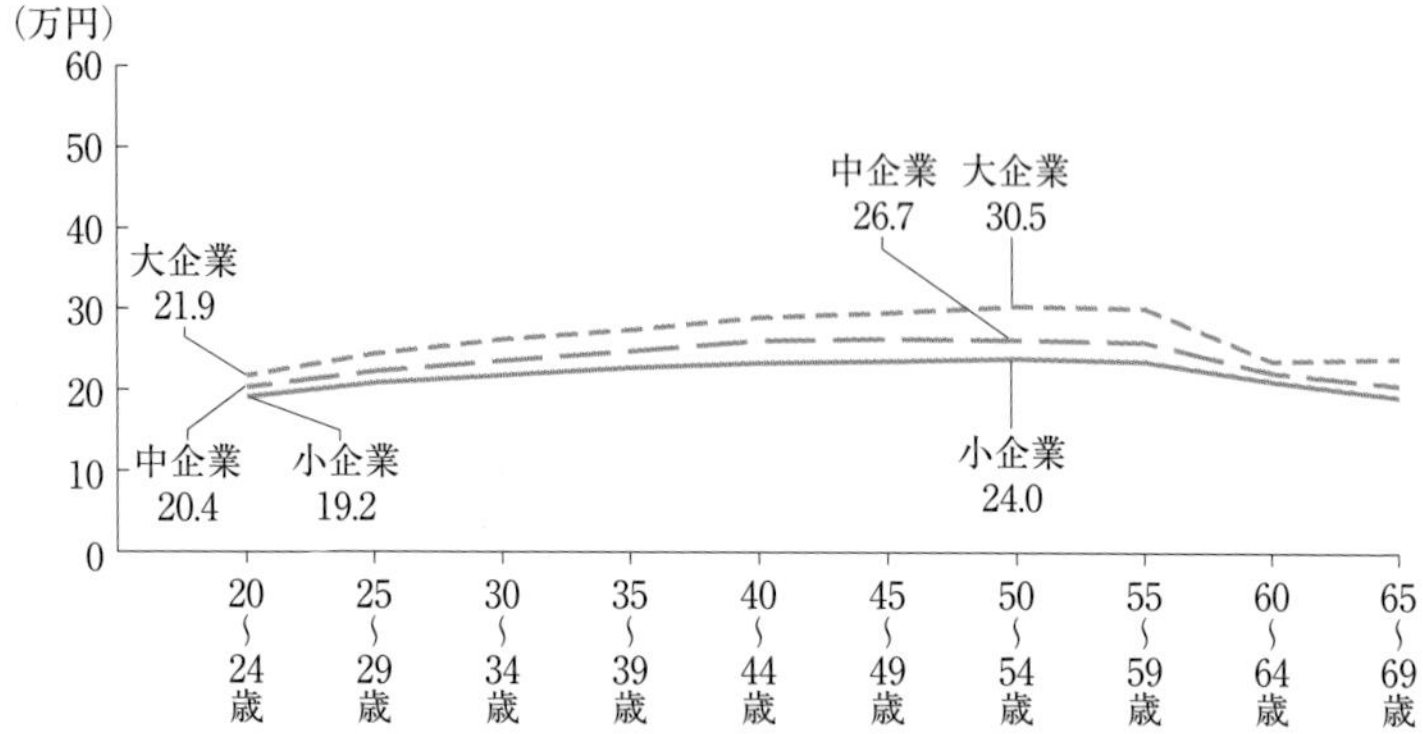

資料：厚生労働省「平成30年賃金構造基本統計調査」

（注）1　短時間労働者以外の一般労働者（正社員・正職員以外を含む）における6月分の所定内給与額を示したものである。

2　大企業は常用労働者1,000人以上、中企業は同100～999人、小企業は同10～99人の企業である。

図－2　週休制の形態（従業員規模別）

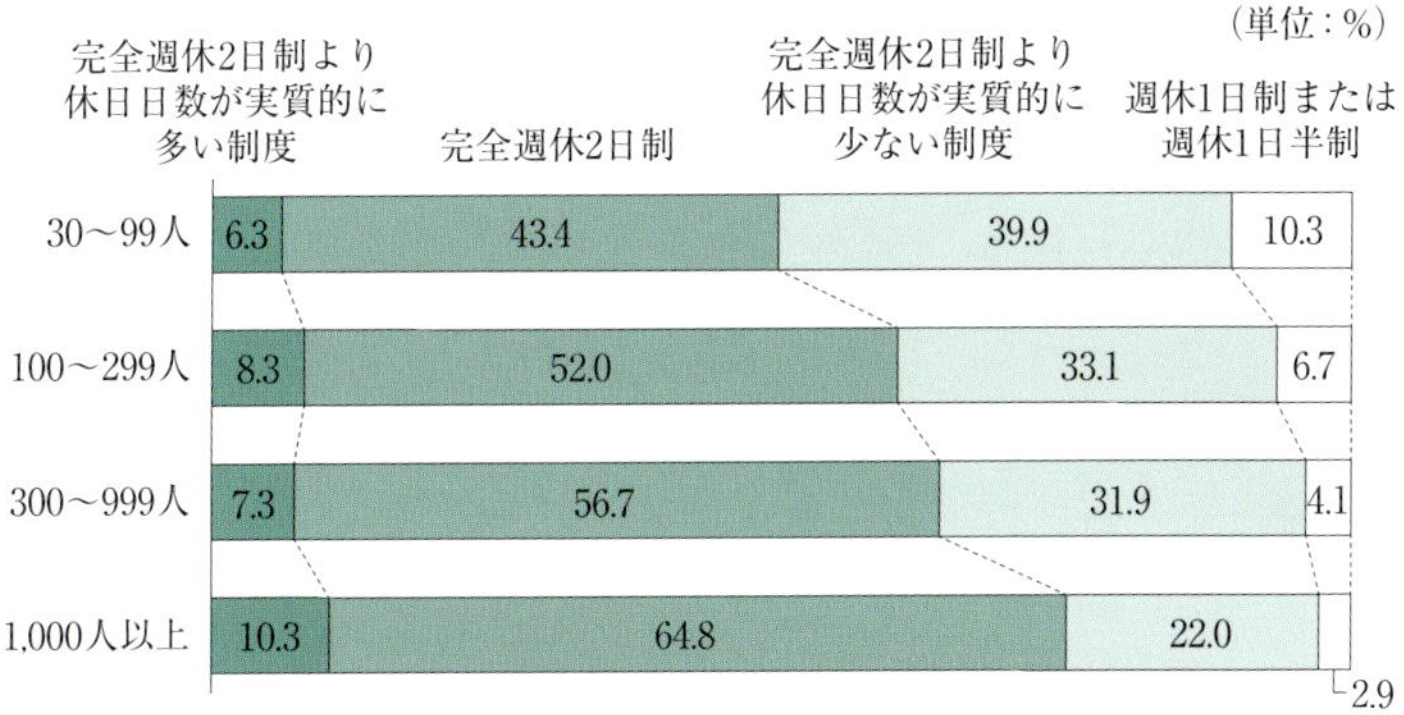

資料：厚生労働省「平成30年就労条件総合調査」

（注）1　企業において最も多くの労働者に適用される週休制を尋ねたものである。

2　「完全週休２日制より休日日数が実質的に少ない制度」とは、月３回、隔週、月２回、月１回の週休２日制等をいう。

3　「完全週休２日制より休日日数が実質的に多い制度」とは、月１回以上週休３日制、３勤３休、３勤４休等をいう。

4　調査対象は常用労働者30人以上の民営企業であり、「30～99人」が最も規模の小さい集計区分である。

20・5万円の約1・7倍にとどまる。女性の賃金についても、男性ほど大きくはないが、企業規模による差が存在する。

休日日数についても規模が小さい企業は条件が良くない。週休制の形態を厚生労働省「平成30年就労条件総合調査」で確認すると、「完全週休2日制」の割合は、調査対象のうち最も小規模な層に当たる常用労働者数30～99人の企業で43・4パーセントとほかの規模の企業より低い（図－2）。「完全週休2日制より休日日数が実質的に多い制度」の割合も、30～99人の企業が最も低い。逆に、これらより休日数が少ない形態である「完全週休2日制より休日日数が実質的に少ない制度」と「週休1日制または週休1日半制」の割合は、30～99人の企業が最も高くなっている。

たいていの人はより良い労働条件の下で働きたいと考える。同じような仕事の求人が複数あれば、相対的に労働条件が劣る求人に応える優先度はどうしても低くなるだろう。その結果として、小企業に求職しようと考える人は少なくなり、小企業は採用に苦労するのである。

大企業に劣らない労働条件を提示すればよいではないか。そう思われるかもしれないが、簡単には実現できない。一般に小企業は大企業より生産性が低く、保有する経営資源も少ない。大企業ほどには労働条件の改善のために資金を振り向ける余裕がない。

さらに、人事制度の導入には規模の経済が働く（脇坂、２０１４）。規模の経済とは、規模が大きくなるにしたがって1単位当たりのコストが小さくなる現象である。人事制度の導入に関していえば、従業者規模が大きい企業ほど従業員1人当たりの導入・運営コストは小さくなる。その例として、脇坂（２０１４）では企業内保育所の設置と特別休暇制度の導入のケースを挙げている。つまり、企業内保育所は、１００人の企業で2～3人の利用者が想定される場合と、１０００人の企業で20～30人の利用が想定される場合では、利用率は同じにもかかわらず後者のほうが1人当たりのコストは小さくなり、設置を検討しやすい。20〜30人に対応する施設の設置コストは2〜3人に対応する施設の10倍まではかからないことを考えればわかりやすい。リフレッシュ休暇やボランティア休暇といった特別休暇制度を導入する際も、制度制定にかかる手間や費用は規模の大小によって大きく変わらないため、1人のために制定するのと10人以上のために制定するのでは、1人当たりのコストはまったく異なってくる。その結果、実際のところをみても、保育所、特別休暇ともに小企業は大企業より導入割合が低い。同様のことは従業員の採用や育成にも当てはまるだろう。求人広告を出して1人を採用する場合と10人を採用する場合、外部から講師を呼んで実施する研修を5人に受けさせる場合と100人に受けさせる場合、いずれも、規模が大きい企業のほうが1人当たりのコストは小さくなる。

つまり、小企業は採用、育成、定着の取り組みに向ける資金的余裕が乏しいうえに、従業員1人当たりコストの観点から非効率なのである。人材の活用にかかる負担が相対的に重く、小企業が大企業並みの労働条件を提示することは難しい。

もっとも、一律にすべての小企業で労働条件が劣るわけではない。統計で示される数字は、良い企業も悪い企業も合わせて集計した平均値である。個々の企業をみていくと、なかには大企業の水準を上回る小企業も存在する。しかし、労働市場は情報が不完全な市場であり、そうした企業も求職者から選択されることはほとんどない。労働市場において情報が不完全とは、求人する企業は求職者の仕事能力等を事前に完全には把握できず、同時に求職者も働く場となる企業の実態等について事前に十分に把握できないことを指す。そのため、求人する企業は情報が不完全であることを踏まえ、コストをかけて求職者の仕事能力や適性、誠実な人かどうかといった人間性などを調べようとする。また、内部労働市場の仕組みにより、管理職などの重要なポストには、すでに仕事能力や人間性などを把握している社内の人のなかから最適な人を登用する（清家、２００２）。求職者も、就職を希望する企業について、経営は安定しているか、技能形成の機会は多いか、ともに働く同僚の人柄や社内の雰囲気はどうか、といった働くうえで重要になる事柄を把握したいと考える。

こうした情報の不完全性の存在が小企業の採用を不利にしている。小企業は求職者の仕事能力や人間性を調べるためのコストをかけられないし、そのノウハウもない。求人に応募してくる人がもともと少ないこともあり、人手の確保を優先するあまり、能力や適性を正確に把握できないまま採用することがある。その結果として、しばしば育成や定着に苦労することになる。一方の求職者も小企業のことを十分に調べることができない。小企業がオープンにしている情報は少ないし、選考を通じて求職者を調べることができる企業と違って、求職者が企業のことを調べるのは限界がある。そこで、正しいかどうかは別にして、求職者は上場している企業や誰もが知っている企業は優良企業で良い職場であるという考えをよりどころとし、そうした企業への就職を優先的に検討する。大企業と同等の労働条件を提供し、働く場として良い企業であっても、それが求職者に十分に知られていないと、小企業よりも大企業のほうがグループとしてより魅力的な企業に映るため、小企業は就業先として選ばれにくくなるのである。

このように、保有する経営資源が少ないことに加えて、規模の経済や情報の不完全性の問題が存在するため、小企業が採用、育成、定着の取り組みを成功させるのは一筋縄ではいかない。例えば、求職者への情報発信を強化して情報の不完全性を乗り越えたいと思ったとしよう。対応が必要なのは、情報発信にかかる費用を手当てすることだけではない。効果的に情報発信するノウハウはあるのか、増加する求職者からの問い合わせや選考に対応する時間や人手は確保できるのか、といった情報発信にかかる問題に加えて、賃金や福利厚生はほかの企業に負けない水準で提供できるのか、育成の仕組みは十分に整っているのか、といった就業先としての魅力の問題についても、解決策を用意しなければいけない。問題解決のためには、さまざまな要因の存在を考慮した、大局的かつ戦略的な視点が欠かせない。目の前の人手不足を何とかするための近視眼的な対応では、事態は好転しないだろう。

2 小企業が生み出す雇用の多様性

それでは、小企業はこの問題にどのように立ち向かえばよいのだろうか。間違いなくいえるのは、大企業と同じ土俵に乗って勝負しようとしても勝ち目はないということである。事業の内容もそうであるが、人材確保の問題についても、小企業ならではの魅力を発揮できる舞台を整えて勝負すべきである。

小企業にとって希望となるのは、人々の就労ニーズは必ずしも一様ではないことだ。フルタイムでは働けない人、思い切った権限移譲を求める人、自宅で一人集中して働きたい人、複数の仕事をかけもちしたい人。求める働き方は、その人の属性や考え方、置かれた状況などによって異なってくる。給与水準という点では小企業が大企業を上回ることは少ないだろうが、働き手のモチベーションは給与によるものだけではない。誰かの役に立ちたい、周りから認めてもらいたい、生きがいを感じたい、好きなことを続けたい、仲間と楽しく過ごしたいなど、価値観は千差万別である。そうした一つ一つの価値観に基づくさまざまな就労ニーズに、丁寧に、そして柔軟に対応しているのが幾多の小企業であり、その結果、小企業は層として多様な働き方を提供している。

こうした小企業における雇用の多様性については、当研究所でもこれまで研究を行ってきた。国民生活金融公庫総合研究所編（２００８）では、アンケート結果をもとに労働条件や採用活動などを分析し、小企業が雇用の受け皿として重要な役割を果たしていることを明らかにした。例えば、小企業は定年制度がない企業が多く、高齢を理由に賃金が急激に下がることもない。求人の少ない高年齢者に就業の機会、能力発揮の機会を提供している。さらに、無職の若年者を採用することや、他社で非正社員だった人を正社員として採用することも少なくない。定職に就きたい、正社員として働きたいという人たちの望みをかなえている。一方で非正社員として働くことを希望している人に対しては、能力に見合った給与を支払いつつ労働時間のニーズにも柔軟に対応し、育児や介護などそれぞれの事情に合わせた働き方を可能にしている。

女性の雇用をテーマに据えた日本政策金融公庫総合研究所編（２０１１）では、小企業が女性の就業ニーズに柔軟に対応していることを示している。図－3は仕事と育児の両立支援の状況を企業規模別にみたものである。小企業はいずれの支援策も「就業規則等に制度を定めている」という割合が中小企業や大企業と比べて低く、制度の導入が進んでいるとはいえない。ところが、「制度はないが柔軟に対応している」の割合はかなり高い。両者を合計した値は中小企業や大企業と同等以上となり、小企業が臨機応変に両立支援に取り組んでいる様子がうかがえる。

人々のさまざまな就労ニーズに個別に対応していくのは、規模が大きい企業では容易ではない。人事管理の煩雑さが増すからである。脇坂（2014）は、従業員一人ひとりの能力や働き方のニーズを正確に把握して不公平のない運用をするために要するコストは、規模の不経済の問題があると指摘する。従業員が3人の企業なら、経営者は従業員の能力だけではなく、家族の状況や生活環境、それらに基づく働き方のニーズをほぼ把握できる。一方、500人の従業員を抱える企業だと、経営者はもちろん人事の担当者でも、すべての従業員の細かな状況は把握しきれない。一人の人間が把握できる情報量には限界がある。規模が大きくなれば、自ずと従業員を管理する役割を担う人が必要となり、先述した規模の経済とは逆に、従業員1人当たりの管理コストが増大するのである。

図－3　仕事と育児の両立支援の状況

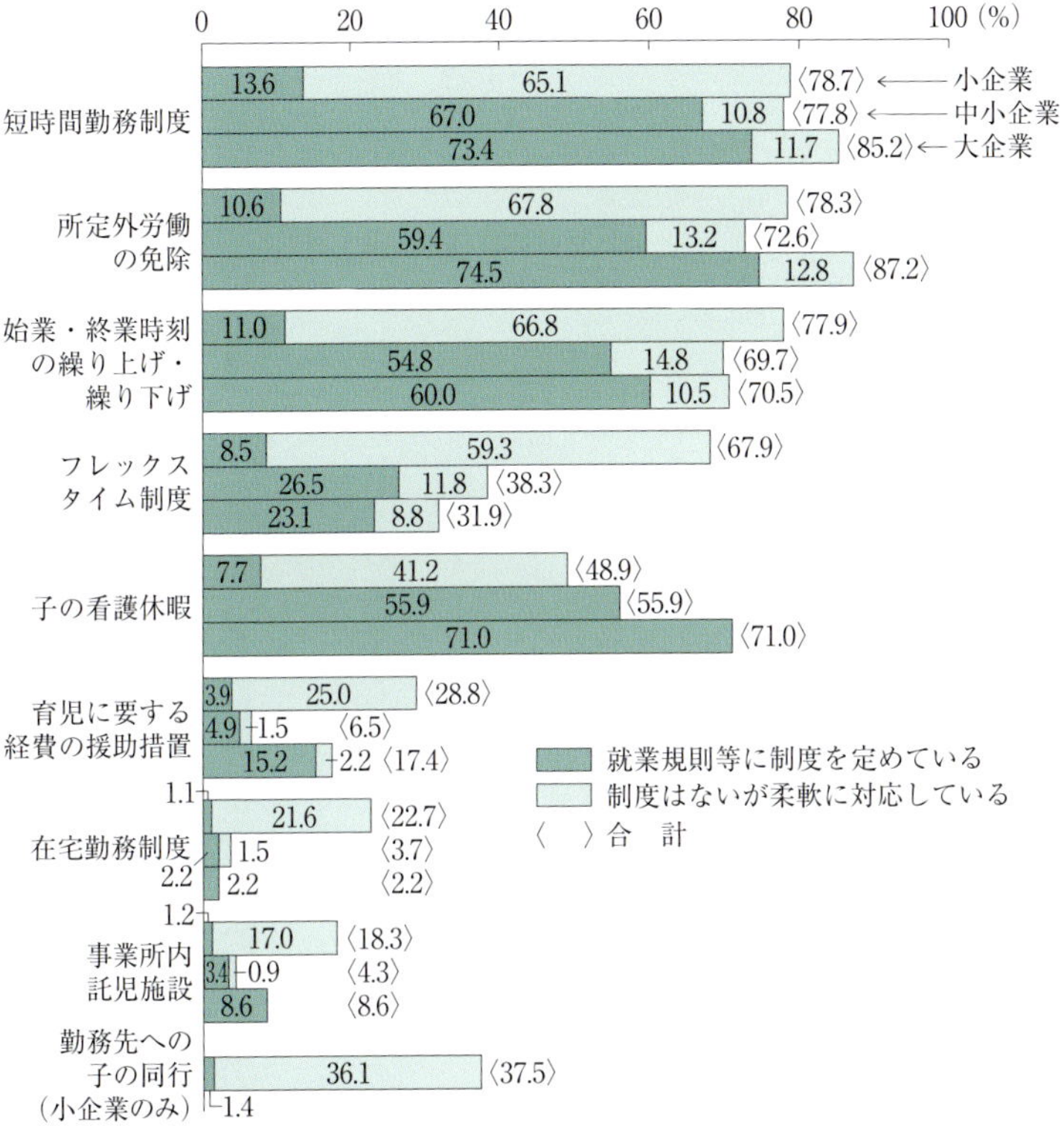

資料：日本政策金融公庫総合研究所「企業経営と従業員の雇用に関するアンケート」(2010年)(小企業)
労働政策研究・研修機構「中小・中堅規模企業の雇用管理と両立支援に関する調査」(2008年)(中小企業・大企業)

出所：日本政策金融公庫総合研究所編（2011）『女性が輝く小企業』

(注) 1　小企業は、小学生以下の子どもをもつ従業員がいる企業について集計。
2　中小企業は従業員100～299人、大企業は従業員300～499人。
3　中小企業・大企業については、それぞれ「制度・規定あり」「制度・規定はないが運用としてある」を読み替え、無回答は除いて再集計した。なお、「子の看護休暇」は、規定の有無のみ尋ねている。

服部（2018）も、従業員の働き方に関するさまざまな制約に対応することは、従業員の管理コストを引き上げると述べている。つまり、個々の従業員が抱える制約について、会社と従業員がどのように対応していくかを決め、その制約が変化した場合には改めて対応方法を検討しなければならない。会社と従業員が相互に期待することを持ち寄り、常に合意形成していく必要があるため、日本型雇用システムの枠組みの下で働く従業員、すなわち長期雇用保障がもたらすキャリアの安定性の対価として個々の望むべき働き方を放棄している従業員を管理する場合と比べてコストがかかるという。

したがって、さまざまな就労ニーズをもつ人を雇用する際にかかるコストは、大企業と小企業で大きな違いがなく、むしろ従業員の総数が少ない小企業のほうが効果的な人材管理ができると考えられるのである。

さらに、さまざまな就労ニーズに柔軟に対応していくなかでは、例外となるような働き方を認めないといけないシーンが出てくるかもしれない。小企業であれば、従業員が互いの状況を承知しているため、その働き方を理解・納得し、不満に思うことは少ないだろう。しかし、従業員の数が多く、必ずしも事情を知っている人ばかりではない企業においては、特別扱いをしていると思って反発する従業員が出てくるおそれもある。その対処のために、企業は従業員一律に適用する制度を設け、その枠組みにおいて従業員を管理・処遇しようとするが、制度にしばられる結果、柔軟な対応はできなくなってしまう。

政府が「働き方改革」の必要性を訴えかけ、環境整備に努めていることを背景に、多様な働き方への関心は高まっている。そして情報通信技術の発展が、その傾向を後押ししている。情報通信技術を活用して業務の効率化、ひいては労働時間の短縮を実現できるようになってきた。また、無線ＬＡＮの環境が整備・拡充され、インターネットを経由して各種のソフトウエアを使用するクラウドサービスが広まっている。自宅や外出先でも仕事ができるようになり、情報通信技術は仕事をする環境に大きな変革をもたらしつつある。もはや会社に出勤しなければ仕事ができないという時代ではなくなっている。働き方の多様化が加速している。

小企業は以前から多様な働き方の実現を得意としてきた。それは規模の大きな企業ではなかなか実現できない小企業ならではの魅力である。就業先として魅力的な存在となることを意識し、多様な働き方の提供者としての一翼を担う。つまり、求職者を引きつける強みと位置づけて個々の就業者の就業ニーズに対応していくことが、小企業が人手不足の問題を乗り越える有力な手段となるはずだ。そこで当研究所では、多様な働き方を提供することで従業員の採用、育成、定着に成功している小企業の事例調査を実施した。事例企業12社の詳細は第Ⅱ部の事例編に譲り、次節以降の第Ⅰ部では、それぞれの取り組みからみえてくる小企業における人材活用のあり方について考えていきたい。

3 働き方は経営者の意向を映す鏡

小企業の組織は経営者の意向が強く反映されたものとなる。多様な働き方の実現には経営者のリーダーシップが不可欠だ。従業員が望んだ働き方であったとしても、働き方は経営の根幹にかかるものであり、その働き方の意義やメリットを理解し実践する器量が経営者になければ、実現はありえない。

井上（2018）から、新規開業企業のうち柔軟な働き方に関する制度・取り組みを利用している従業員がいる企業の割合をみると、在宅勤務制度やフレックスタイム制度などについては、既存企業より割合が高くなっている（図Ⅰ-4）。多様な働き方を実践している小企業の経営者は、どういう考え方で多様な働き方を提供し、働きやすい職場づくりに取り組ん

図－4　柔軟な働き方に関する制度・取り組みを利用している従業員がいる新規開業企業の割合

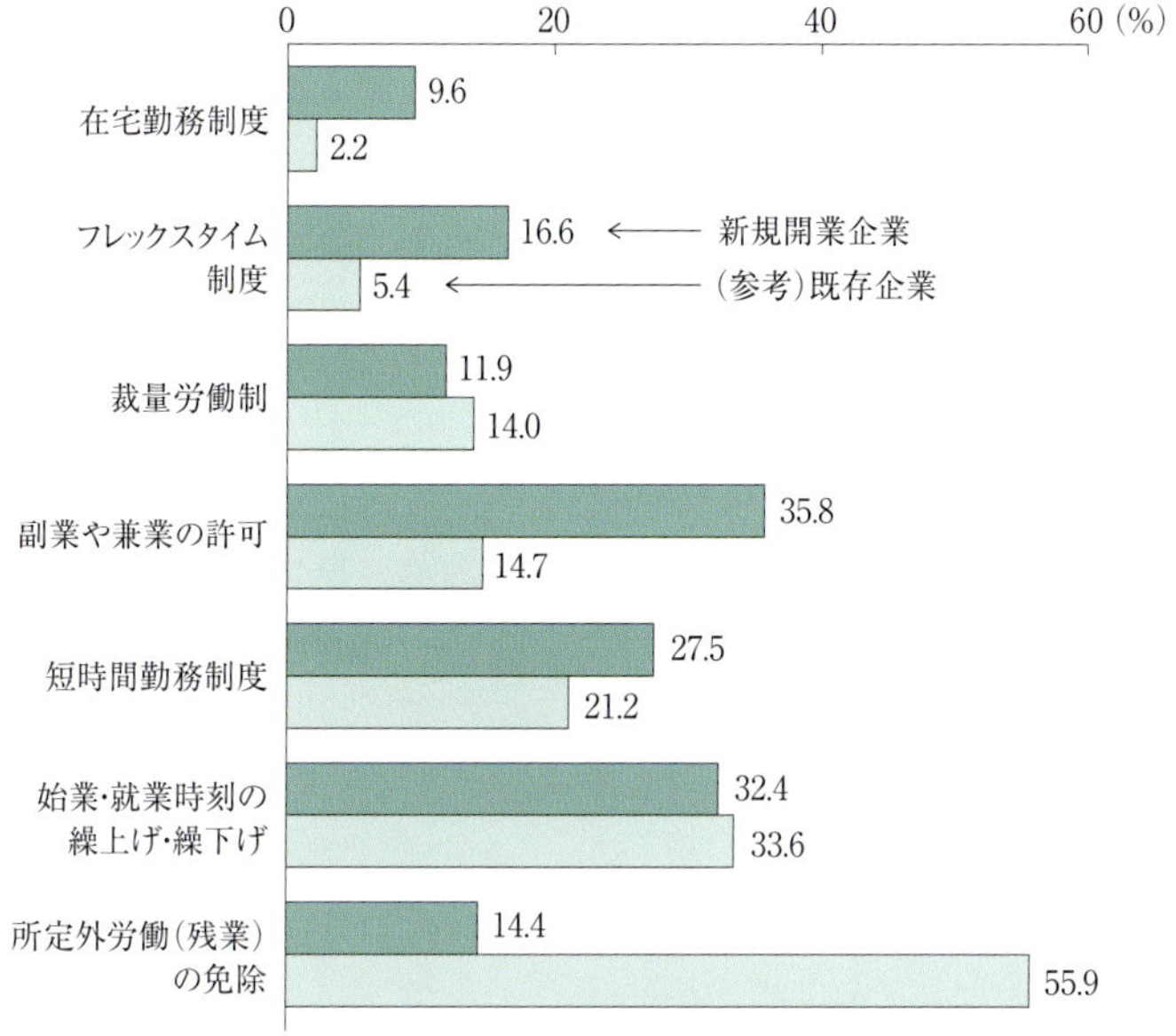

資料：日本政策金融公庫総合研究所「2017年度新規開業実態調査・特別調査」
出所：井上（2018）「新規開業企業における多様な働き方と経営への影響」日本政策金融公庫総合研究所『日本政策金融公庫論集』第40号
（注）1　在宅勤務制度の既存企業は、総務省「ICT 利活用と社会的課題解決に関する調査研究」（平成29年）における在宅型テレワークを導入している企業の割合。
2　フレックスタイム制度と裁量労働制の既存企業は、それぞれ厚生労働省「平成29年就労条件総合調査」におけるフレックスタイム制、みなし労働時間制を採用している企業の割合。
3　副業や兼業の許可の既存企業は、中小企業庁「平成26年度兼業・副業に係る取組み実態調査」における従業員の兼業や副業を容認している企業の割合。
4　短時間勤務制度の既存企業は、厚生労働省「平成28年度雇用均等基本調査」の事業所調査における短時間正社員制度がある企業の割合。
5　始業・終業時刻の繰上げ・繰下げと所定外労働（残業）の免除の既存企業は、厚生労働省「平成28年度雇用均等基本調査」の事業所調査における育児のための所定労働時間の短縮措置等の制度の内容に、それぞれ始業・終業時刻の繰上げ・繰下げ、所定外労働の制限がある企業の割合。

でいるのだろうか。今回行った事例調査から、その理由や経営者の思いを整理すると、取り組みのタイプは課題対応型と理想追求型の二つに分けることができそうだ。

一つ目の課題対応型は、主に従業員の確保や育成など、経営の安定や企業の成長のネックになっている問題を解決する手段として、多様な働き方の実現に取り組む小企業である。

例えば、従業員を育成する余裕やノウハウがなく、仕事を任せることに不安を感じていた㈱大志《たいし》建設（杉澤教人社長、静岡県沼津市、従業者数12人、事例4）の杉澤社長は、地域貢献手当を支給して地域活動への参加を促したり、得意な仕事をどんどん任せたりすることで、従業員の責任感や自己肯定感を引き出した。その結果、従業員は意欲的に仕事に取り組むようになり、同社が顧客から継続的に受注を得る原動力となっている。また、徳島県の最西端の地域に立地する㈲データプロ（影本陽一社長、徳島県三好市、従業者数23人、事例5）の影本社長は、地元ではウェブサイト制作のスキルをもつ人材をなかなか採用できないことから、県庁所在地の徳島市をはじめとする四国内の人材の多そうな地域に、次々とサテライトオフィスを開設した。自宅から通える会社で働きたいという就業者のニーズに応えたことで、同社は即戦力の人材を採用でき、人手不足の問題を乗り越えている。

企業の成長と人材は切っても切れない関係にある。なかでも人材の質は、中小企業の成長に大きな影響を及ぼす要素の一つだ。佐藤・玄田編（２００３）は、新製品開発やマーケティングなどの経営戦略に大きな違いがみられない企業の間で経営パフォーマンスに差が生じる理由として、人材育成の取り組みを挙げる。経営者が考えた経営戦略を実際に現実のものにできるかどうかは、人材の質によるところが大きく、成長している中小企業ほど従業員の能力開発を重視しているという。小寺（２０１７）も、優秀かつ定着する「人財」の確保が、中小企業の経営品質を高めて組織の存立基盤を強固にし、持続的成長を可能にするとしている。

また、人材の質を高めるためには、育成はもちろんのこと、採用や定着の取り組みも必要となる。佐藤・玄田編（２００３）は、能力開発を効果的に進めるためには、経営者の考え方や価値観、企業風土などを積極的に求職者に知らせ、会社について理解し納得した人材を採用することや、職場の雰囲気づくりや頻繁なコミュニケーションなどによって人材の定着を促すことが重要であると述べている。小寺（２０１７）でも、「人財」として定着させるためには、経営者の求める人材像を明確にするとともに人材が育つ企業風土づくりを進め、働きやすい環境を整備することが必要と指摘する。

経営を安定させて企業を大きくしたいと考えるのなら、人材に関する問題は避けてはとおれない。それにまつわる課題に多様な働き方の実践によって対応していこうとするのが第一のタイプの小企業群である。

二つ目の理想追求型は、経営者本人や従業員の理想の働き方をすることを目的に、多様な働き方の実現に取り組む小企業である。

運動療育を行って障害のある子どもや発達が遅れている子どもの自立をサポートしているイニシアス㈱（三浦次郎社長、東京都三鷹市、従業者数26人、事例8）は、従業員の理想となる働き方を実現しようと、短時間勤務と副業可能という働き方を用意するとともに、子どもの送迎といった周辺業務をなくすことで、運動療育の仕事に専念できる環境を整えている。私生活を充実させられることに加え、子どもの成長に関わるやりがいのある仕事に集中して取り組めることから、同社は創業以来、従業員の確保に苦労したことはないという。また、ウェブシステムの開発やウェブマーケティングといったウェブコンサルティングの仕事をしている㈱スマートデザインアソシエーション（須賀大介社長、福岡県福岡市、従業者数10人、事例10）の須賀社長は、ワークライフバランスを改善するために東京から福岡へと移住した。それまでは常に納期に追われ、朝早くから夜遅くまで働き、土日も仕事をしていた。オフィスを自宅の隣に置き、移住に役立つ情報を発信する移住サポート事業とシェアオフィスの運営事業を始めたことで、長時間労働になりがちだったウェブコンサルティングの仕事の比重が減り、家族と余暇を楽しめる理想の働き方を手に入れている。

小さな企業であれば、経営者の思いや理想の働き方をダイレクトに組織に反映させることができる。何らかの事情で画一的な勤務体系の企業で働くことが難しい場合や、家族や趣味を優先した生活を送りたい場合などに、理想の働き方ができる新たな組織を立ち上げるケースも存在する。理想を追求し続けている企業には、同じ境遇、同じ思いの就業希望者が集まってくる。従業員の採用や定着に成功し、結果的に人材不足の問題とは無縁になっている。従業員のモチベーションも高い。

こうした企業はけっこう存在する。新規開業企業に限ったデータだが、井上（2018）から、個人の事情に応じて従業員が柔軟に働ける企業にしたいと思っているかどうかを尋ねた結果をみると、「思っていない」の割合は2・0パーセントである。「思っている」が73・5パーセント、「思っているが、なかなか難しい」が24・5パーセントであり、ほとんどの新規開業企業は、実現できるかどうかはまた別の問題としても、柔軟に働ける企業にしたいと思っている。特定の問題に直面したからではなく、開業当初から経営者本人や従業員の働き方について理想をもっていることがうかがえる結果である。

なお、理想追求型のなかには、自社にとどまらず、会社の垣根を越えて多様な働き方の推進に取り組む企業がある。例えば、ＮＰＯ法人ママワーク研究所（田中彩理事長、福岡県福岡市、従業者数７人、事例12）は、育児と両立できる働き方であれば就職したいという主婦と、ベンチャー企業や地域の中堅企業など人材を確保したい企業が出会う場となる「ママドラフト会議」を企画し、両者のマッチングを行っている。出産後の再就職がうまくいかなかった田中理事長が、同じような思いを抱く人を増やしたくないと思ったことが、同法人を立ち上げた理由だ。そのため、自社であるか他社であるかを問わず、主婦が仕事と育児を両立できる場を増やすことを目的に活動している。

4 実現に向けた多様なアプローチ

課題対応型と理想追求型とで、取り組みの内容に差異はあるだろうか。取り組みの内容を「採用」「就労形態」「評価・給与」「福利厚生」「育成」の五つの切り口で分類してみると、就労形態の工夫については、働き方に関する理想に直接結びつくものであるためか、理想追

表　各事例企業の取り組み内容の分類

			採用	就労形態	評価・給与	福利厚生	育成
課題対応型	事例1	クスカ㈱	○	○	○		○
	事例2	サイファー・テック㈱	○	○		○	○
	事例3	㈱ザカモア	○			○	○
	事例4	㈱大志建設				○	○
	事例5	㈲データプロ			○	○	○
	事例6	㈱テラサワ	○	○	○		
理想追求型	事例7	アライツ社労士事務所		○		○	
	事例8	イニシアス㈱		○			○
	事例9	㈱エムディーシー	○	○		○	
	事例10	㈱スマートデザインアソシエーション	○	○		○	○
	事例11	㈱パルサー	○		○	○	○
	事例12	NPO法人ママワーク研究所	○	○			

資料：筆者作成

求型の企業で取り組まれることが多いように思われる（表）。他方、育成に関する取り組みは、課題対応型で多い。特定の経営課題について対応できる人材を育成するためであろう。その他の切り口については、明確な違いは見受けられない。各取り組みは目的を達成するための手段にすぎない。その取り組みが課題への対応や理想の実現に必要なものであれば、取り組みの種類にかかわらず、実施されるだろう。実際、各事例企業の取り組みは一つの切り口だけにとどまらず、複数の切り口にわたる。

いくつかの取り組みを組み合わせて互いの取り組みを補完したり、相乗効果を生み出したりすることで、より目的の達成に近づくからだと考えられる。

また、同じ切り口に関する取り組みであっても、その内容は企業によって異なることが多い。経営者の年齢や性別、創業者か継承者かなどによって経営に対する考え方は違ってくるし、業種や業歴、従業員の年齢構成といった各社の状況によって抱えている課題への対応策は違ってくる。小企業そのものが多様な存在であるため、取り組みの内容も多様になるのだろう。

さらに、一つの取り組みが、採用、育成、定着の各段階の課題に関わっていることも珍しくない。例えば、採用に関する取り組みは、直接的には従業員の採用のためのものであるが、育成や定着にかかる課題への対応をも視野に入れて取り組まれていることが多い。

こうした特徴があることを押さえたうえで、取り組みの内容を五つの切り口から確認し、その目的や効果を整理していきたい。

(1) 採　用

まずは採用である。小企業は大企業に比べて就労条件に劣る。従業員の採用を成功させるためには、すでに述べたように求職者にアピールできる魅力が欠かせない。事例企業がどのような魅力を提供しているかについては、後述する「就労形態」「評価・給与」「福利厚生」「育成」の各項でみていくこととし、ここでは、小企業が採用の際に特に苦労する問題、求職者は小企業のことをよく知らないため就業先として選択しないことについて、どのように対応しているかを整理する。この問題の解決のためには、求職者に小企業で働く魅力を伝える工夫が必要となる。それはＰＲに多額の資金をかければ簡単にできるかもしれないが、多くの小企業は採用活動に資金や手間を投じる余裕がない。負担とならない範囲で、いかに効果的に魅力を伝えられるかがポイントとなる。

また、従業員の採用は人材管理の入り口に当たる。どのような人を採用したかで、その後の育成や定着に関する負担は変わってくる。仕事への意欲が低い人は育成に手がかかるだろうし、短期間で辞められてしまうと改めて採用活動をしなければならなくなる。人手不足の状況では、誰でもよいから早く採用したいと思いたくなるが、自社に適した人材かどうかを見極めたうえで採用できれば、その後の人材管理にかかる負担は軽減されるはずだ。

① 効果的に魅力を伝える

㈱ザカモア（西村拓朗社長、福井県坂井市、従業者数20人、事例３）は業歴80年を超える靴の小売店である。店舗での販売が落ち込んで赤字が続いたのを機に、インターネット販売に取り組み、売り上げを伸ばしている。２０１７年に初めて新卒者を採用するに当たり、同社は会社説明会と併せて運動会を開催することにした。知名度がなく、ただ会社説明会を開いても学生は来ないとコンサルタントにアドバイスされたためである。プレスリリースすると物珍しさからメディアに取り上げられ、参加定員の20人を超える応募があった。ドッジボールや大縄跳びなど、勝つために話し合いが必要になる競技を盛り込んだことで、経営者や従業員の人柄を十分に伝えられた。その後の会社説明会と従業員を交えたグループトークでも、運動会によって自然体で話せる関係が築かれていたため、たくさんの質問が寄せられた。運動会という同じ目標に向かって協力する機会を設けたことで、学生は同社を深く知り、その魅力を感じることができたわけである。この年と翌年の2年で、同社は計６人の新卒者を迎え入れている。

② 適した人材をみつける

経営者や従業員の個人的な知り合いに良さそうな人がいるなら、採用を検討するのは一つの手だ。すでにどのような人かわかっているため、コストをかけることなく自社に適した人を採用できる。実際、小企業ではこうした方法で従業員を採用することがよくある。工作機械で加工した部品などを洗う際に使用する洗浄液の浄化装置を開発・製造している㈱テラサワ（寺澤防子社長、埼玉県秩父郡横瀬町、従業者数５人、事例６）も、寺澤社長が勤務していたキヤノン電子を定年退職したシニアに声をかけ、同社の技術を理解できる優秀な人材を確保した。

個人的な知り合いを採用できない場合は、求人に応募してきた人の適性を見極める必要がある。それには㈱パルサー（阿部章社長、宮城県仙台市、従業者数16人、事例11）の取り組みが参考になるだろう。自動券売機や自動販売機などの販売・レンタル・メンテナンスを行っている同社は、従業員の育成に力を入れている。朝礼でのスピーチ、週１回の勉強会、委員会活動など、その内容はさまざまで、常に成長を求められる環境になじめず辞めてしまう従業員がいた。そこで同社は、成長のための努力をいとわない人に応募してもらおうと、人事コンサルタントと相談して、ホームページで育成の仕組みを紹介するとともに「従業員が切磋琢磨《せっさたくま》し、日々成長を実感できている」といった従業員の声を掲載した。そのうえで、適性検査を選考方法に取り入れ、すでに同社で活躍している従業員と同様の傾向をもつ人を採用するようにした。その結果、離職する従業員はほとんどいなくなったという。

(2) 就労形態

続いて就労形態についてみていきたい。小企業の強みは制度や慣行にしばられない柔軟性や小回りの良さなどにある。その強みを顧客への対応だけではなく、従業員に対しても発揮することができれば、柔軟な就労形態が生まれ、働き方に関して制約がある人を受け入れやすくなるだろう。

働き方の制約は主に時間に関する制約と場所に関する制約がある。子どもが幼稚園に行っている間だけ働きたいというケースは前者、家族を介護する必要があり自宅を離れられないケースは後者の例だ。子どもが熱を出して急きょ迎えに行かなければならなくなるなど、突発的に制約が生じる場合もある。

こうした働き方の制約は、実は従業員側の事情で生じるものではない。企業側が働き方に関する何らかの規範を設けているために生じるのである。制度として明文化されたものだけではなく、社会通念として常識・習慣になってしまっているものも規範に該当する。就業時間は1日8時間、仕事は会社で行う、勤務する会社は一つだけ、子どもを連れてきてはいけないなど、企業が従業員に無意識のうちに求めている規範は多い。規範があるからこそ、そこから外れる人にとって制約となってしまうのである。小企業の強みを踏まえてこうした規範をなくすことができないかを考えれば、制約を生まない就労形態、つまりは従業員を引きつける就労形態を提供できるようになるだろう。

① 時間の制約をなくす

丹後ちりめんを手織りし、ネクタイに加工して販売しているクスカ㈱（楠泰彦社長、京都府与謝郡与謝野町、従業者数12人、事例1）は、1日8時間の勤務のうち、手織りの仕事は5時間までと定めている。経験上、5時間を超えると集中力が低下してミスが増え、生産性が落ちるからである。その時間で織れるのは約4メートルで、ネクタイ2本分に当たる。仮にそれだけの量を織ることができなくても残業する必要はない。手織りの作業以外の時間は、簡単な縫製や事務の仕事、後輩の指導などをするが、子どもの送迎や親の介護などの事情があれば途中で外出したり勤務時間を変更したりしてもよいそうだ。つまり、勤務時間を柔軟に変えられるフレックスタイム制を取り入れ、5時間のコアタイムを設けている。勤務時間の自由度が高いうえに残業がないことから、求人には毎回、予想以上の応募があり、必要な人手を確実に採用できている。

②場所の制約をなくす

社会保険労務士事務所であるアライツ社労士事務所（浅野貴之所長、愛知県名古屋市、従業者数8人、事例7）は2008年、創業4年目のときにテレワークを開始した。ある女性従業員が夫の転勤で関東へ引っ越すことになったのが契機だ。仕事を覚えた従業員に辞められると困るという思いから、浅野所長はテレワークにより自宅で仕事をすることを提案したのである。同社は創業時から休みや勤務時間の要望に柔軟に対応して働きやすい職場づくりに努めてきたという。テレワークはその取り組みの延長線上にある働き方であり、同社にとっては特別なものではなかったのだろう。テレワーク導入のきっかけとなった女性従業員は夫の転勤に合わせて3回引っ越しをしたが、離職することなく現在もテレワークで仕事をしている。

テレワークのほかに副業の容認も、働く場所に関する制約を取り払う取り組みといえるだろう。障害のある子どもや発達が遅れている子どもに運動療育のサービスを提供しているイニシアス㈱では、従業員の約7割が副業をしている。同社の就労形態は、1日6時間の短時間勤務である。受け入れる子どもの定員を1日10人とし、時間をとられる送迎は行わないことにしているため、短時間勤務が可能になっている。従業員は空いた時間に習い事や資格取得の勉強などのほか、副業をすることでスキルアップにつなげている。また、副業は収入の増加にもつながる。こうした働き方を提供していることから、同社には離職する従業員はほとんどおらず、人材を確保する苦労はないという。

(3) 評価・給与

三つ目は評価・給与に関する取り組みである。個々の従業員のニーズにかなった就労形態を提供したとしても、その形態で働くことが評価や給与の面で不利になるようであれば、積極的に利用したいと思う従業員は出てこないかもしれない。同様に、従業員が能力開発に取り組み、仕事の質が向上しても、その成果が正当に評価されず、給与に反映されなければ、能力開発に取り組まなくなったり、評価してくれる別の企業に転職したりするだろう。公正で誰もが納得できる評価・給与の仕組みは、従業員の意欲を引き出すものであり、人材活用にかかるほかの取り組みをより有効に機能させる触媒となる。

しかし、自社の実情に合わせつつ、公正で誰もが納得できる仕組みを整えるのは大変だ。制定した後も、環境や状況の変化に合わせて改定が必要になることがある。従業員に恣意《しい》的と思われては逆効果となるため、適正な運用が求められる。小企業では対象となる従業員が少ないため、かけた手間ほどにメリットを感じられないかもしれない。

他方、従業員は評価・給与の仕組みに大きな関心を寄せる。評価や給与の基準を公開し、どのような従業員が高く評価されるのか、あるいは高い給与を得られるのかを明確にすることで、経営者が口にしなくても、経営者が求める人材や働き方などのイメージを示すことができる。また、手間がかかるものであるからこそ、人材活用にかける熱意が社内外に伝わる。評価・給与の仕組みは、従業員側の意欲を高めると同時に、経営者側の思いや考えを浸透させる有用なツールにもなる。

① 意欲を引き出す

手織り作業は5時間までと決めているクスカ㈱は、正社員での採用を基本とし、5時間以下の短時間勤務を希望する場合はパートタイマーとして採用している。両者の違いはこの勤務時間のみである。仕事の内容に違いはない。給与制度も同様で、生産量に応じた賃金を支払う同一労働同一賃金を実施している。1日5時間までという手織り作業の時間制約があるなか、働いた時間ではなく生産量、すなわち織った生地の長さで賃金が決まる。また、楠社長は1日2本のネクタイをつくってくれればよいと従業員に伝えている。そのため、生産性を高めることができれば、従業員はその分、早く仕事を終えられ、自由に使える時間が増える。自然と仕事に対する意欲が引き出され、より集中して取り組んだり、より早くスキルを身につけたりするようになる。

② 思いや考えを示す

ホームページの内容を工夫し、適性検査を取り入れて自社に適した人材の採用に努めている㈱パルサーは、仕事の能力と心の能力という二つの基準で人事評価を行っている。仕事の能力は、専門知識と技能、問題解決力、プレゼンテーション能力など6項目を、心の能力はチャレンジする、プロを目指す、信頼関係をつくるといった5項目ができているかを評価する。そして、その評価基準と給与テーブルを従業員に公開している。何を身につければよいかや、どのような人材になってほしいかは一目瞭然となり、頑張って評価を高めればどれだけ給与が上がるかもわかる。求める人材像を示すことで、同社は従業員の成長への動機づけを実現している。また、360度評価を実施し、ほかの従業員の意見を踏まえて評価している。上司の一方的な評価に偏ることなく、仕事の成果や成長ぶりを正当に評価しようとする同社の姿勢が表れているといえるだろう。

(4) 福利厚生

次の切り口は福利厚生だ。扶養手当や住宅手当など福利厚生として企業が提供する経済的便益は、従業員にとっては給与の一部である。その内容は求職者に注目されやすいため、なかには独自の手当や休暇制度を設ける小企業がある。先述したように、小企業は賃金や休日数といった労働条件が大企業や中小企業と比べて見劣りすることが多い。そこで、福利厚生によって労働条件を底上げしているケースがある。

賃金ではなく福利厚生で労働条件の改善を図る理由はいくつか考えられる。例えば、賃金として支給しても、単純に金額の多寡だけで評価されてしまう。高収益企業でもない限り、大企業の水準を上回ることは難しく、求職者にアピールできない。一方、福利厚生としてなら、どのような事柄に対して支給するかという内容に関心をもってもらえる。資格保有者に対する手当のように支給対象を限定する場合は、自社が望む人材を引きつける手段になる。資格の取得にかかる費用の補助のように用途を限れば、従業員の成長を方向づけられるし、生産性の向上といった、その負担に見合う効果を期待できる。福利厚生のメニューとすることで、より経営へのメリットが得られるようになる。

また、福利厚生の内容は、従業員に直接支給されるものばかりではない。社内の親睦を深めるイベントなど、コミュニケーションを円滑化させ良好な関係を築くことを目的としたものもある。従業員が少ない小企業はアットホームな雰囲気であるとよくいわれるが、こうしたメニューは、その長所をさらに伸ばすものとなる。

①労働条件を底上げする

土木工事や造園工事を中心にさまざまな仕事を手がけている㈱大志建設は、従業員に対する手当をいくつか用意している。例えば、地域活動への参加を促すために設けた地域貢献手当だ。自治会や消防団、子ども会、PTAなど、地域活動で就いている役職に応じて月2000円から5000円を支給する。また、資格ごとに額を定めた資格手当があり、月に2万円を上限に支給している。さらに、子ども手当を支給している。第1子は8000円、第2子は1万2000円、第3子は1万6000円、第4子以降は2万円を、その子どもが高校を卒業するまで毎月支給する。こうした手当があるおかげで、同社の給与水準は同業種の小企業よりも高くなっているという。

電子データを保護するセキュリティー対策のソフトウエアを開発しているサイファー・テック㈱（吉田基晴社長、徳島県海部郡美波町、従業者数20人、事例2）には、地域活動支援休暇という制度がある。地域活動に参加するために年4日の休暇を有給で取得できるものだ。さらに、勤続5年ごとに2週間の休暇と10万円が支給されるリフレッシュ休暇がある。仕事だけではなく趣味やレジャーにも全力で取り組める働き方を提供したいという吉田社長の思いから生まれた休暇制度である。

② 良好な関係を築く

テレワークを実施しているアライツ社労士事務所は、年に一度の慰安旅行に従業員の家族や両親も参加することを奨励している。テレワークを行っている従業員も参加し、ほかの従業員と直接交流する良い機会となっている。家族の参加を奨励するのは、同社が従業員の家族の顔までみえる関係づくりを目標としているからだ。互いの家族のことを知っていれば、子どもが風邪を引いたので休みたいと聞くと、その子どもの顔が浮かんできて休みを受け入れやすくなる。さらに、家族ぐるみの付き合いが増えて従業員同士の仲が良くなる。直接連絡を取り合って休みを調整することも多いという。従業員同士が良好な関係であることは、働きやすい職場の前提条件といえるだろう。

㈱エムディーシー（大澤美帆社長、東京都渋谷区、従業者数3人、事例9）も仕事上だけではない関係を築けるよう3カ月に1回、食事会を開催している。参加するのは、同社の映像制作の仕事を受けるフリーランスのメンバーだ。同社は映像制作の現場にいる女性が結婚や出産をした後も働き続けられる環境を整えたいと、フリーランスの女性を集めて家庭の事情で仕事ができないときに支え合える関係を構築している。一人で活動するフリーランスだからこそ、仕事と生活を両立していくうえで、お互いの状況を日頃から理解しておき、メンバー同士で声をかけ合うことが重要になる。顔を合わせて時間を共有する機会をもつことで、そうした関係を築ける。その結果、例えば、子どもの発熱などで仕事ができない状態が生じたときは、同じスキルをもったほかのメンバーが代わりに現場に行ってフォローしたり、打ち合わせの予定が急に入ったが子どもを預けることができない場合には、手の空いているメンバーが面倒をみたりするといった対応が可能になり、普段は一人のフリーランスでも働きやすくなるのである。

(5) 育　成

最後に育成に関する取り組みをみていく。小企業では経営者がキーパーソンであることは間違いないが、経営者が一人で何でもこなしている組織はもろい。経営者に万一のことが起きた場合、途端に経営危機に陥ってしまう。小企業であっても従業員を育成して仕事を任せることは必要で、そうした取り組みの積み重ねが、事業を安定させ大きくすることにつながっていく。

ところが、実際のところ、従業員の育成に力を入れて取り組む小企業は多くはない。採用の中心が、新卒者ではなく、すでに社会人としての経験がある人という理由もあるが、育成は経営の負担となりやすいからだ。後輩の指導に携わる間、その従業員が従事している仕事はストップする。仕事をする時間を別に確保する必要があり、労働生産性は低下する。離職して育成にかけたコストが無駄になる可能性もある。時間がかかる人材育成よりもすぐに売り上げに結びつく仕事に時間を使いたいというのが、経営者の正直な思いだろう。だからこそ、従業員の育成に熱心な企業は、成長の場を求めている求職者にとって魅力的な職場となる。

小企業が従業員の育成を進めるには、そのための負担を減らす工夫をしたり負担を上回る効果を出したりして、育成にかかる時間と機会を効率的に確保することが重要になる。また、社内外で従業員が育つ場を整えて自主的な成長を促すことができれば、それもコストを減らすことにつながるであろう。

①時間と機会を確保する

サテライトオフィスを開設して従業員を採用している㈲データプロはウェブサイトの制作を業としている。企業から直接依頼を受ける元請けだけではなく、東京のパートナー企業からデザインやプログラミングなどウェブサイト制作の一部を引き受ける下請けの仕事も積極的に受けている。受注単価や利益率が低いため多くの同業者は下請けを好まないが、下請けでも利益は得られるし、何より多くの案件を手がけることができる。同社は多いときで月に50件近くのウェブサイトを制作しており、その豊富な仕事をＯＪＴの機会とすることで従業員の技術向上につなげている。この業界は人材不足が深刻化しており、経験者の採用は難しくなるため、同社は２０１５年から新卒者や未経験者の採用に踏み切った。下請け仕事のなかからレベルに応じた仕事を割り振ることで、売り上げを伸ばしつつ、うまく未経験者を育てあげている。

②自主的に育つ場を整える

㈱大志建設が地域貢献手当を支給しているのは、地域活動への参加を促して従業員の育成を図るためである。地元の青年会議所の活動に参加して成長できた経験から地域活動の効果を実感した杉澤社長が、従業員も同様に成長してほしいと考えて始めた取り組みだ。地域活動に参加すると、異なる業界や立場の人と話す機会が増えるため、知識や考え方の幅が広がる。大勢の人の前で話したり組織をまとめたりする機会も得られる。また、成果をあげたり他人から頼られたりする経験を通じて、自己肯定感が高まる。その結果、物事に臆せず意欲的に取り組むようになるという。さらに同社では、従業員の長所を生かそうと、それぞれが得意な仕事を任せるようにしている。任せることで責任感が生まれ、いっそう成長していくそうだ。今では特定の従業員を名指しして仕事を依頼してくる取引先がいるなど、従業員の成長は同社が継続的に受注を得られる要因となっている。

取り組みの内容を五つの切り口から確認し、その目的や効果を整理した。一口に多様な働き方の実現に関する取り組みといっても、その内容もまさに多様である。なかには、突拍子もないような取り組みで参考にはならないと思われるものもあるかもしれないが、その目的や効果を理解すれば、自社が取り組みを進めていくうえで十分なヒントになるだろう。

5 取り組みを通じて得られる成果

こうした取り組みを通じて多様な働き方を実現することで、小企業はさまざまな成果を手にできる。直接的に得られるのは、人材に関する成果だ。働きやすい職場あるいは働きがいのある職場になることで、従業員の量や質が充実する。また、取り組みを実施する過程で、業務が効率化されるといった経営に関する成果や、地域との関わりが増え地域が元気になるといった自社にとどまらない社会的な効果が生み出されることもある。さらに、これらの成果は、ほかの成果の要因にもなりうる。従業員が増加すれば多くの仕事に対応できるようになって売り上げが増加するだろうし、地域の活性化に貢献していることを実感すると、従業員の働く意欲は高まるだろう。多様な働き方を実現する取り組みをきっかけに、それぞれの成果がまた別の成果に好影響をもたらす循環が形成されれば、人材活用にかかる取り組みは大成功といえる（図Ⅰ-5）。

それでは、人材に関する成果、経営に関する成果、社会的な効果のそれぞれについてみてみよう。

図－５　取り組みを通じて得られる成果

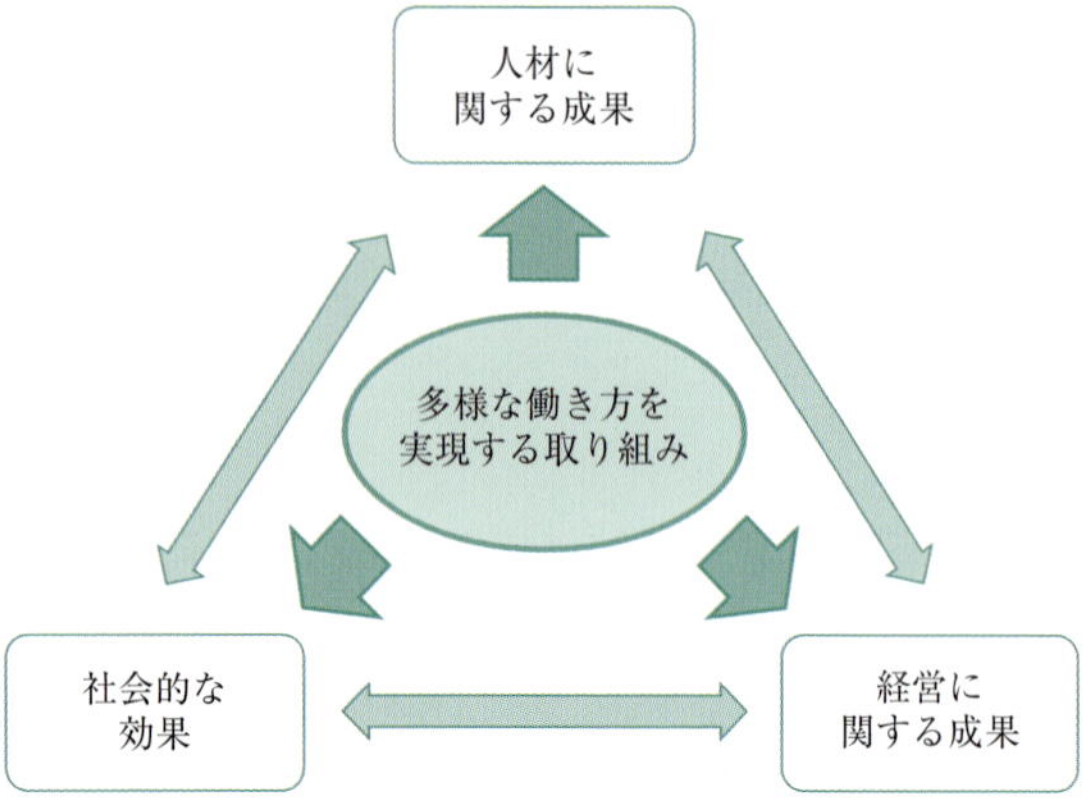

資料：筆者作成

(1) 人材に関する成果

事例企業を訪ねてみて、人材に関する成果は大きく三つに分けられることがわかってきた。第１に従業員の増加、第２に従業員の意欲・能力の向上、第３に同じくワークライフバランスの向上である。

① 従業員の増加

まず挙げられるのは従業員の増加である。人材をなかなか採用できなくて苦労することが多い小企業だが、独自の取り組みの結果、事例企業の多くが従業員をうまく採用できるようになった。また、採用を増やすことはもちろんだが、離職を減らすことも、従業員を増やすうえでは重要となる。

阿部社長が２００７年に入社したときは経営者一人だけの企業だった㈱パルサーは、現在15人の従業員を抱えるまでになっている。当初は個々の従業員に常に成長を求める同社の方針になじめず辞めてしまう従業員がいたが、採用方法を工夫して社風に合った人を採用するようになってから、離職する従業員は大幅に減っている。従業員の定着が期待できるようになったため、新卒者の採用にも着手。成長できる環境にあることと奨学金手当を設けたことを武器に学生にアピールできており、従業員は順調に増えている。

②意欲・能力の向上

従業員が増えるだけではなく、意欲や能力の高い従業員を抱えられるようになること、すなわち従業員の質の向上も、人材に関する成果の一つである。働きやすい魅力的な職場になれば、求人に応募してくる人が増え、優秀な人材を採用しやすくなる。従業員の定着も期待できるため、育成に取り組みやすくなるし、働き続けることで経験やノウハウが蓄積されていく。必然的に、従業員の入れ替わりが多い組織よりも、従業員の意欲や能力は高くなる。

短時間勤務と副業可能という働き方が魅力のイニシアス㈱は、優秀な従業員を十分に確保できている。離職する従業員はほとんどいない。過去に個人的な事情で離職する人はいたが、その事情が解消されたときは、自ら希望して復職してくれたという。子どもの成長をサポートする仕事にやりがいを感じており、スキルアップのために受講したい外部セミナーをみつけてくるなど、仕事に対する意欲は高い。同社は順調に事業を拡大させているが、その要因の一つに、従業員の質が高く保護者の口コミによる評価が広がっていることがある。

③ワークライフバランスの向上

従業員の量と質の充実は、経営的な観点から人材に関する成果をとらえたものである。他方、従業員個人の観点から取り組みの成果をみると、働きやすい職場をつくることは、取りも直さず、ワークライフバランスが実現されるということである。残業がなくなる、働く時間帯を柔軟に決められる、テレワークで会社に行かずに仕事ができるなど、従業員は理想の働き方ができるようになる。

フリーランスのスタッフを集めて映像を制作している㈱エムディーシーは、長時間労働が常態化している映像制作の業界のなかにあって、仕事と生活を両立させることを優先している。長時間労働をしなければ対応できなくなるほど受注が増えた場合は、継続的に依頼してくれる取引先を優先し、新規の仕事を無理して受けることはしない。家庭の事情などで急に仕事ができない状況が生じてもフォローできる体制を整えている。こうした仕事のスタイルが業界内に知られるようになると、同業者のスタッフたちから、男女を問わず、働き方に関する相談を受けるようになったそうだ。同社に関わるスタッフが働き方に満足しているからこそ、自分たちもそうなりたいと関心を寄せるのだろう。

(2) 経営に関する成果

事例企業の姿からは、経営に関する成果として、業績の向上、業務の効率化、知名度の向上という三つの共通項を見出すことができた。順にみていこう。

① 業績の向上

経営に関する成果で最も顕著なのは、やはり業績の向上だろう。従業員が増えることで、今まで人手が足りなくて対応できなかった仕事を実施できる。意欲や能力の高い従業員が対応することで商品やサービスの質が向上する。従業員の量や質の充実が、売り上げや利益の増加をもたらしてくれる。

急激な受注の増加で人手の確保を迫られたサイファー・テック㈱は東京から離れた地方オ

フィスを開設し、仕事と趣味の両方を満喫できる職場を用意したことで、大手企業出身の優秀な人材の採用に成功した。従業者数は7人から20人になり、増加した受注に対応できるようになったことに加えて、セキュリティー対策ソフトウエアの新しいコンテンツに対応するための開発に注力することも可能になった。その結果、売り上げは地方オフィスを開設する前と比べて倍増している。プライベートでは消防団や草刈りなどの地域活動に参加する従業員も多く、地域の活性化にも貢献しているという。

② 業務の効率化

また、多様な働き方を実現できた企業のなかには、仕事のやり方や内容そのものが変化しているところがある。従業者数と仕事の内容が変わらず、やり方も従来と同じままで労働時間だけを減らそうとしても、それは従業員に負担を押しつけるものであり、あまりうまくいかない。取り組みを進める過程では、必要に応じて仕事の内容ややり方が見直され、労働生産性が向上することがある。

㈱スマートデザインアソシエーションは働き方を変えるために福岡に移住し、移住サポート事業とシェアオフィス事業を新たに始めたことで、従業員1人当たり売上高が1・5倍に増加した。創業当初から行っているウェブコンサルティングの仕事は納期に追われ、長時間労働になりがちだった。売り上げを増やすためには営業に時間をかける必要もあった。一方、移住サポート事業は納期に追われることが少なく、シェアオフィス事業は運営が軌道に乗れば人手をかけずに安定した収入が見込める。事業の内容が多角化され、ウェブコンサルティングの仕事の比率が下がったことで、働き方が改善されるとともに、労働生産性が向上したのである。

インターネットで靴を販売している㈱ザカモアは、倉庫管理のシステムと受注から発送にかかる作業のチェックリストシステムを導入して、入社したばかりで業務に不慣れな従業員でも効率的に作業ができるようにした。経験の有無にかかわらず終業時刻には仕事を終えられるようになり、長時間労働から解放されたことで、すぐに辞めてしまう従業員はいなくなっている。

③ 知名度の向上

知名度の向上も経営に関する重要な成果だ。多様な働き方を提供していると、業界内での存在感が高まる。多くの求人情報が並ぶなかでも、求職者の目に留まるようになって採用に苦労しなくなる。また、特徴的な取り組みはメディアが取り上げるため、求職者にとどまらず多くの人に自社を知ってもらえる。意欲や能力の高い従業員の手によって提供する商品やサービスの質が高まると、口コミで顧客を獲得できるようになることもある。宣伝活動に大企業ほどコストをかけられない小企業にとって、知名度の向上は多大なメリットをもたらしてくれる。

テレワークの仕組みを構築したことで、アライツ社労士事務所は出産や育児、配偶者の転勤などを理由に離職する従業員がいなくなった。継続して働いているため経験が蓄積され、ミスがなくレアケースの対応にも詳しい。顧客の期待に十分に応えられるようになっていることから、口コミで評判が広がり、今では営業をせずとも新規の取引先が増えている。同社がある愛知県内だけではなく、遠く北海道や千葉などの企業からも相談の依頼がくるそうだ。

(3) 社会的な効果

事例企業のなかには、自社内で成果をあげるのはもちろんのこと、外部に好影響を与え、社会的な効果につながっている例も多い。社会的な効果は三つのタイプに分けることができる。一つ目は雇用の受け皿としての効果、二つ目は地域の活性化への貢献、三つ目は他社への意識改革の波及である。

① 雇用の受け皿

多様な働き方を提供することで、小企業は何らかの事情によりなかなか就業できない人たちの雇用の受け皿となる。また、より重要なのは、そうした人たちが働き方だけではなく仕事の内容についてもミスマッチなく働いていることである。雇用の場を提供しているといっても、補助的な仕事で誰でもできるような性質のものであれば、あまりやりがいを感じないだろう。小企業が生み出す雇用の真価は、働き方の制約に配慮しつつ、その人の能力や経験を生かせる仕事を提供している点にある。

㈱テラサワは積極的にシニアを採用している。以前の勤務先で身につけた知識やスキルがあるため、同社の製品である洗浄液浄化装置に関する技術はすぐに理解してくれる。寺澤社長が心がけているのは従業員が実力を発揮しやすくストレスのない職場づくりであり、短時間勤務の要望があった際はすぐに対応した。また、仕事のやり方やペースは従業員に任せている。そうすると、従業員はその実力を存分に発揮して業務改善策をどんどん提案し、コスト削減につながるシステムや作業を省力化できる装置などを開発してくれたという。

新たな事業の一つとして移住サポート事業を始めた㈱スマートデザインアソシエーションは福岡に移住してきた人を採用している。移住者にとって移住先で仕事がみつかるかどうかは大きな問題だ。移住者の就業の場を少しでも増やしたいと受け入れているそうだが、移住者の採用は同社にも大きなメリットがある。移住を希望している人が本当に必要とする情報や支援は何かを、移住者の経験や視点を踏まえて考えることができるからだ。同社がより良い移住サポートを実現するうえで、移住経験のある従業員は大きな戦力となっている。

② 地域の活性化

地域に活力をもたらすことも社会的な効果として挙げられる。ワークライフバランスが実現されることで、仕事以外の時間を地域の活動に費やす従業員が出てくるし、そうした活動をしてほしいがために多様な働き方の実現に取り組む経営者もいる。また、そもそも小企業は地域との関わり合いが深い。従業員として地域の人を雇用しており、その給与は地域で消費される。仕入先や販売先の多くは地域の企業や人であり、事業が順調に成長すれば取引先も潤う。従業員が増加したり業績が良くなったりすることは、地域に活力をもたらすことにつながる。

クスカ㈱は丹後ちりめんという地域の伝統産業を後世につなぐ新たな担い手を生み出している。扱う商品を和服の材料となる生地からネクタイに変更し、仕事のやり方も機械織りから手織りへと変えた。機械織りは機械の使い方やメンテナンス方法などを数年かけて学ばないといけないが、手織りであれば半年で一通りの技術を身につけられるうえ、失敗しても手戻りしやすく歩留まりが高い。経験のない人も受け入れやすいことから、同社は未経験者歓迎をうたい、若い人材の確保に成功している。皆、業界未経験ながらも伝統を守ることに誇りをもって仕事をしているそうだ。丹後ちりめんを通じた地域活性化に一役買う貴重な若者たちだ。

③ 他社の意識改革

さらに、成果をあげている取り組みは他社から参考にされる。従業員の働き方に対する考え方に変化をもたらしたり、成功した取り組みがヒントになってまた新しい制度が生まれたりするなど、他社が多様な働き方への取り組みを実践するきっかけとなることがある。なかには、他社の働き方を変えていこうと積極的に活動している企業も存在する。

就職したい主婦と人材を確保したい企業をママドラフト会議によって結びつけているNPO法人ママワーク研究所は、働く主婦の受け皿となる企業に対し、働き方に制約があって労働市場に出てこない主婦を採用するには、仕事と育児を両立できる制度を設けて受け入れ態勢を整えることが重要と、セミナーなどを通じて伝えている。就職を希望する主婦に対しても、スキルを磨くセミナーを開催したり、成長企業で求められる働き方を教えたりしている。こうした取り組みの結果、採用したい主婦の事情に合わせて月に3回だけの勤務を認めた企業や短時間勤務制度を導入した企業などが現れている。主婦側と企業側のミスマッチが生じることがなくなり、主婦が再就職して活躍できる場が増えている。

6 小企業と多様な働き方との関係

最後に、ここまで述べてきた取り組みの内容や成果を踏まえて、改めて小企業と多様な働き方との関係について考察してみたい。

(1) 多様な働き方を実現できる理由

まず考えたいのは、なぜ小企業は多様な働き方を実現できるのか、という点である。小企業はほかの企業にはない特徴がいくつかある。その特徴は見方や立場によって長所にもなれば短所にもなる。長所となる場合は、多様な働き方を促進するために大いに生かすべきだろう。

短所となる場合は、経営の壁となって立ちふさがる。事業が継続されなければ元も子もないため、短所となる特徴は克服する必要がある。それは容易ではないかもしれないが、多様な働き方を実現すること自体によって困難を乗り越えられる場合がある。例えば、小企業は従業者数が少ないため、出産・育児や配偶者の転勤などで離職してしまう人が出てくると、代替する人をすぐに雇うことが難しいこともあり、人手不足に陥りやすい。短時間勤務制度やテレワークなどを導入し、働き続けられる環境を整えれば、家庭の事情で辞める従業員はいなくなり、人手不足の問題が生じることはなくなるだろう。加えて、多様な働き方を実現しようとする取り組みが、短所の克服という結果に波及することもある。小企業は一般的に生産性が低いといわれている。多様な働き方を推進する過程で、従業員の仕事の進捗状況や属人的なノウハウなどを共有できるようにすれば、効率的に業務を行えるようになり、労働生産性を向上させられるだろう。

つまり、克服すべき短所があるからこそ、小企業は何とかして多様な働き方を実現して乗り越えようとしていると、とらえることができるわけだ。

事例企業の姿から、こうした小企業が多様な働き方を実現できる理由を整理すると、小所帯である、経営者の影響力が強い、特徴がないと注目されない、という三つの要素が挙げられる。

①小所帯である

小企業が小企業として位置づけられるのは、働いている人の数が少ないからだ。人数が少ないことで、従業員同士がコミュニケーションをとりやすくなり、その機会と量はさらに増える。仲が良くなって楽しく働けるようになるのはもちろんのこと、互いの仕事や家族の状況もよくわかった関係になれる。その結果、相手の事情に理解を示し協力してくれるため、多様な働き方を実現しやすくなる。

また、コミュニケーションをとりやすいのは従業員同士だけではない。経営者と従業員の距離も近いことから、経営者の意向が従業員に伝わりやすい。㈱大志建設の事例からは、経営者の姿勢や考え方に共感したり感化されたりして、従業員も積極的に地域活動に取り組んでいる姿がみられた。逆に㈱テラサワの事例では、従業員側の声を踏まえて短時間勤務を取り入れている。従業員が経営者の意向を踏まえて行動できることと、経営者が従業員の意向をすぐに把握できることが、いずれも多様な働き方の促進につながっている。小企業の長所を伸ばした取り組みといえる。

一方で、従業者数が少ないと、社内の仕事の分業化や専門化が難しく、従業員が一人で担う仕事の範囲や責任が大きくなりがちである。担当しているさまざまな業務で手一杯になり、追加の仕事や後輩の育成などに対応する時間をなかなか確保できないこともある。したがって、出産や介護などで従業員の働き方に制約が生じた場合や従業員が離職して人員が不足する事態となった場合、その影響は非常に大きい。代わりとなる従業員をすぐに確保できないこともあり、残っている従業員に大きな負担をかけることになる。そこで、アライッ社労士事務所では、一つの仕事を2人以上で担当するようにして、一方が不在となっても支障が出ないようにしている。こうした負担を軽減するための取り組みにより、小企業の短所を克服し、従業員の多様な働き方を推進する結果につながっている。

②経営者の影響力が強い

従業員が少ないぶん、経営者の存在感は大きくなる。組織のマネジメントも経営者一人で行えるため、従業員に対する影響力は規模の大きい企業より自ずと強くなる。その影響力が間違った方向に使われてしまうと従業員の気持ちは離れてしまうが、良い方向に使われれば影響力が強いことは大いにプラスに働く。

例えば、組織内で調整を図らずとも、経営者の判断一つで思い切った変革が可能になる。多様な働き方の実現のために、必要であれば事業内容や仕事のやり方を大きく変えることもできる。サイファー・テック㈱が地方オフィスを開設できたのも経営者の英断があったからだ。さらに、小企業では、経営者が出資者でもあることが多い。大企業と違って株主の意見を気にする必要はないため、利益や規模の拡大にとらわれることなく、経営者自身が望む働き方や理想を追求できる。㈱エムディーシーは、仕事と生活の両立を犠牲にしてまで仕事を増やしたくはないと、長時間労働とならないように仕事量を調整している。経営者の強いリーダーシップという小企業の長所が生かされている。

ただ、経営者の影響力が正しく行使されるとしても、弊害は残る。一つは経営者といっても万能ではないことである。経営者自身が関心のないことや不得手なことに対しては、取り組みが不十分であったりうまくできなかったりする。特に人材活用に関する事柄については、経営者は十分な経験をもっていなかったり、専門的な知識が必要だったりすることから、その傾向が強い。採用に当たり人事コンサルタントを活用した㈱パルサーのように、外部の専門家に相談する機会を得ることで小企業の短所を克服し、多様な働き方を実現できることもあるだろう。

もう一つは、従業員が経営者に依存しがちになることである。事業を安定させ大きくするには、従業員の成長が必要であり、自立的に仕事に取り組めるようにならなければならない。㈱スマートデザインアソシエーションは、福岡に移住して働き方を変える取り組みのなかで、利益の半分の使い道を従業員の裁量で決められるようにしたり、テレワークを導入したりしたことから、従業員は自立的に仕事をする習慣が身についた。小企業の特徴である経営者への依存体質を改める手段として、多様な働き方の導入は有力な選択肢となる。

③ 特徴がないと注目されない

小企業が提示する給与や福利厚生などの求人条件は、規模の大きい企業と比べて見劣りするため、求職者の目に留まりにくい。従業員の個別の事情に配慮し、柔軟に働ける職場を提供しているとしても、それが明確に制度・規則として定められたものでなければ、求職者にはなかなか伝わらない。何とかして人材を確保したいと考える小企業は、短時間勤務や副業容認を打ち出しているイニシアス㈱のように、求職者の関心を引き選ばれる企業となるために、就業ニーズに応じた制度を整えるようになる。NPO法人ママワーク研究所が実施するママドラフト会議も、優秀な人材を求める企業に多様な働き方の制度の構築を促す仕組みといえる。目立ちにくいという短所を克服することにつながるものだ。

また、従業員をすぐに確保できるとは限らないことから、既存の従業員にはできるだけ長く働いてもらいたいと考える。いきおい定着を図るための取り組みに力を入れることになる。飲み会やランチミーティングなどで従業員と交流する機会を増やし、二つの作業管理システムの導入で業務に不慣れでも効率的に作業できるようにした㈱ザカモアはその好例だ。

人材育成の仕組みも大企業のように体系立ったものがなく、求職者の注目を集めにくい。背景には、育成にかける時間をあまり確保できないことや、育成の対象となる従業員の数が少なくノウハウが蓄積されていないことなどがあるが、今どき、先輩の背中をみて覚えろといった方法ははやらない。昨今の求職者は見向きもしないだろう。半年ほどで技術を習得できる手織りの丹後ちりめんを事業の核に据えたことで、未経験者の採用と育成に成功しているクスカ㈱や、下請け仕事を数多くこなすことで、従業員の技術向上の機会をつくっている㈲データプロのような、従業員を効率的に育成する工夫が求められ、それが労働生産性の向上や働き方の改善といった成果を生み出すことになる。人材育成に関する小企業の短所を克服できるわけだ。

(2) 必要な経営資源の調達

前項では小企業が多様な働き方を実現できる三つの理由について述べた。小企業と多様な働き方との関係について、もう一つ考えたいのは、必要な経営資源をどのように調達しているのか、という点である。

長所を生かすにしろ、短所を克服するにしろ、取り組みを進めるに当たっては、資金や設備などの経営資源が必要となる。一般に小企業は経営資源が乏しいといわれ、取り組みにコストをかけられないことも多々ある。経営資源の調達という観点から小企業における多様な働き方の取り組みを眺めれば、ほかの企業にはない小企業ならではの工夫が浮かび上がってくるだろう。

事例企業の取り組みをみていくと、小企業は、手元にあるものを活用、安価なものを使用、外部資源の利用という三つの工夫をしているようである。

①手元にあるものを活用

一つ目は、すでに手元にある経営資源を活用してコストをかけずにすませることだ。

クスカ㈱は残っていた昔ながらの手織り機によって、働きやすい職場づくりを実現させた。集中力が続くのは1日5時間という手織り作業の特性を踏まえて、途中で会社を抜けたり勤務時間を柔軟に変更したりできるようにしたのである。㈱エムディーシーは同社の事務所を開放し、仕事を依頼しているフリーランスの女性たちが、子どもを連れて取引先と打ち合わせできるようにしている。子どもを誰かに預けることができない場合でも、仕事を犠牲にしなくてすむようにとの配慮からである。

人脈も活用できる経営資源である。㈱テラサワは経営者の人脈を生かして元勤務先を定年退職した優秀なシニアを、コストをかけることなく採用している。

②安価なものを使用

二つ目は、安価に使用できる経営資源によって負担を小さくしていることである。

㈲データプロは複数のサテライトオフィスを開設することで、地元で働きたいという人の採用に成功している。オフィスを何カ所も構えると賃料の負担が大きくなるが、同社では商店街の空き店舗を使ったり、同業者のオフィスを間借りしたりしてコストを抑えている。

また、情報通信技術のコストは以前よりも安価になっている。うまく使用すれば価格以上の効果を享受できる。㈱ザカモアは業務の効率化を目的に倉庫管理のシステムと作業のチェックリストシステムを導入した。運送会社や知人の経営者に相談して薦められたものだ。二つ合わせても月10数万円の利用料であるのに、同社では皆が定時に仕事を終えられるようになり、採用してもすぐに辞めてしまう従業員がいなくなるなど、大きな効果を得ている。アライツ社労士事務所は2台のスマートフォンを使って、それぞれ事務所とテレワークをしている従業員の様子を見られるようにしている。従業員のパソコン画面を見ながら指示を出したり従業員全員が会議に参加したりできるため、離れた場所で仕事をしていても一体感を維持できている。コストはほとんどかかっていない。

③ 外部資源の利用

三つ目は、社外にある資源をうまく利用することである。自社で簡単に調達できないものや調達するには負担が大きいものは外に頼ればよい。

サイファー・テック㈱は地方オフィスを開設する場所として、高速通信網のインフラが県内全域で整備されている徳島県を選んでいる。経営者の故郷であるという理由に加え、高速通信により東京の事務所や取引先と結んで支障なく会議などを行えるからだ。

人材活用に関するノウハウを外部のコンサルタントを利用して社内に取り込んでいるケースもある。㈱パルサーは人事コンサルタントには毎月行う従業員に相談して同社の社風に合う人材を採用する方法を検討した。コンサルタントには従業員との面談にも同席してもらっている。従業員のさまざまな悩みに専門家が対応することで、従業員の定着率向上につなげている。

さらに、メディアを利用して自社の取り組みを発信する取り組みもみられた。知名度がない小企業は情報発信に苦労する。多様な働き方の実現に資する取り組みをしても、求職者に伝わらなければ意味はない。ＮＰＯ法人ママワーク研究所が実施しているママドラフト会議のように、特徴的な取り組みであればメディアが取り上げてくれるため、コストをかけずに広く取り組みをアピールできる。

7 多様な働き方は目的達成の手段

多様な働き方を提供して従業員の採用、育成、定着に成功している小企業の事例をもとに、小企業における人材活用の取り組みについてみてきた。取り組みの内容は多岐にわたり、改めて小企業が層として多様な働き方を提供する存在であることがわかる。こうした事例企業の姿をみていると、その根底には、従業員は代替の利く労働力ではなく、自社にとってかけがえのない経営資源であるという認識があるように思われる。その認識を生み出しているのは、小企業は労働市場において大企業をはじめとするほかの企業に後れを取り、従業員をなかなか確保できないという事実であろう。だからこそ、小企業は個々の従業員を大切に扱い、その能力を最大限に引き出そうとするのである。

そもそも、政府が働き方改革を打ち出す以前から、小企業は従業員の個々の就労ニーズに柔軟に対応し、多様な働き方を実現させてきている。厳しい競争環境のなか生き残っていくために、あるいは掲げている理想を実現するために、手段として多様な働き方の実現を選択している。

このような、従業員を経営資源ととらえ、組織の目的を達成するために積極的に活用しようとするマネジメントを人的資源管理と呼ぶ。この人的資源管理については、これが決定版と呼びうるような管理手法が生み出されることはありえない。喜怒哀楽の感情をもち、行動の自由や自律性を求める人間という経営資源を、自社にとって有効に作用させるために組織に統合し調整することは難しく、そのことは時代を経ても簡単に変わるものではないからだ（上林、２０１２）。

その意味では、１００人の人間がいれば、その能力を引き出すマネジメントは１００通りある。多くの人を画一的な方法で管理しようとする旧来の日本型雇用システムによるマネジメントでは、どうしてもこぼれ落ちる人が出てくる。そうした人たちは、自身が最も活躍できる場を探し求めるうちに小企業にたどり着く。小企業もそうした人たちを雇用し、私生活に至るまで理解し合うような距離感で仕事をすることにより、能力を最大限に発揮してもらえる方法を見出す。小企業が従業員の多様な働き方を実践しているのは、至極当然なことであるといえるだろう。

（井上　考二）

〈参考文献〉

井上考二（２０１８）「新規開業企業における多様な働き方と経営への影響」日本政策金融公庫総合研究所『日本政策金融公庫論集』第40号

上林憲雄（２０１２）「人的資源管理論」労働政策研究・研修機構『日本労働研究雑誌』Ｎｏ・６２１

国民生活金融公庫総合研究所編（２００８）『小企業で働く魅力』中小企業リサーチセンター

小寺倫明（２０１７）「中小企業の人材確保に関する一考察─多様性と持続的成長性の視点から─」大阪経済大学中小企業・経営研究所『中小企業季報』２０１７Ｎｏ・２

佐藤博樹・玄田有史編（２００３）『成長と人材─伸びる企業の人材戦略─』勁草書房

清家篤（２００２）『労働経済』東洋経済新報社

日本政策金融公庫総合研究所編（２０１１）『女性が輝く小企業』同友館

服部泰宏（２０１８）「多様化する働き方と心理的契約のマネジメント」一橋大学イノベーション研究センター『一橋ビジネスレビュー』66巻1号

脇坂明（２０１４）「中小企業に人事制度は必要か」労働政策研究・研修機構『日本労働研究雑誌』Ｎｏ・６４９

第Ⅱ部

事例編

事例一覧（課題対応型）

事例3	事例2	事例1	事例番号		
㈱ザカモア	サイファー・テック㈱	クスカ㈱	企業名		
靴のインターネット販売	セキュリティー対策ソフトの開発・販売	絹織物製造・販売	事業内容		
20人（うちパート9人）	20人	12人（うちパート7人）	従業者数		
○	○		効果的に魅力を伝える	採用	実現に向けた多様なアプローチ
○		○	適した人材をみつける		
		○	時間の制約をなくす	就労形態	
	○		場所の制約をなくす		
		○	意欲を引き出す	評価・給与	
			思いや考えを示す		
○	○		労働条件を底上げする	福利厚生	
○			良好な関係を築く		
○	○	○	時間と機会を確保する	育成	
			自主的に育つ場を整える		
○	○	○	従業員の増加	人材に関する成果	取り組みを通じて得られる成果
○		○	意欲・能力の向上		
	○	○	ワークライフバランスの向上		
	○	○	業績の向上	経営に関する成果	
○			業務の効率化		
○			知名度の向上		
			雇用の受け皿	社会的な効果	
	○	○	地域の活性化		
			他社の意識改革		
			小所帯である	多様な働き方を実現できる理由	小企業と多様な働き方との関係
	○		経営者の影響力が強い		
○	○	○	特徴がないと注目されない		
		○	手元にあるものを活用	必要な経営資源の調達	
○	○		安価なものを使用		
○	○		外部資源の利用		

事例一覧（課題対応型）

事例番号			事例6	事例5	事例4
企業名			㈱テラサワ	㈲データプロ	㈱大志建設
事業内容			水処理設備開発・製造・販売	ウェブサイト制作	土木工事、造園工事
従業者数			5人	23人	12人（うちパート3人）
実現に向けた多様なアプローチ	採用	効果的に魅力を伝える			
		適した人材をみつける	○		
	就労形態	時間の制約をなくす	○		
		場所の制約をなくす			
	評価・給与	意欲を引き出す	○	○	
		思いや考えを示す		○	
	福利厚生	労働条件を底上げする			○
		良好な関係を築く		○	
	育成	時間と機会を確保する		○	
		自主的に育つ場を整える			○
取り組みを通じて得られる成果	人材に関する成果	従業員の増加		○	○
		意欲・能力の向上		○	○
		ワークライフバランスの向上	○	○	
	経営に関する成果	業績の向上		○	○
		業務の効率化	○		○
		知名度の向上			
	社会的な効果	雇用の受け皿	○	○	
		地域の活性化			○
		他社の意識改革			
小企業と多様な働き方との関係	多様な働き方を実現できる理由	小所帯である	○		○
		経営者の影響力が強い			
		特徴がないと注目されない		○	
	必要な経営資源の調達	手元にあるものを活用	○		
		安価なものを使用		○	
		外部資源の利用		○	○

事例一覧（理想追求型）

事例9	事例8	事例7	事例番号		
㈱エムディーシー	イニシアス㈱	アライツ 社労士事務所	企　業　名		
映像の企画・制作	障害のある子どもの 運動療育教室	社会保険 労務士事務所	事業内容		
3人 （うち契約社員2人）	26人	8人	従業者数		
			効果的に魅力を伝える	採　用	実現に向けた多様なアプローチ
○			適した人材をみつける		
○	○	○	時間の制約をなくす	就労形態	
	○	○	場所の制約をなくす		
			意欲を引き出す	評価・給与	
			思いや考えを示す		
			労働条件を底上げする	福利厚生	
○		○	良好な関係を築く		
	○		時間と機会を確保する	育　成	
	○		自主的に育つ場を整える		
	○	○	従業員の増加	人材に 関する成果	取り組みを通じて得られる成果
	○	○	意欲・能力の向上		
○	○	○	ワークライフバランスの向上		
○	○	○	業績の向上	経営に 関する成果	
		○	業務の効率化		
○	○	○	知名度の向上		
			雇用の受け皿	社会的な 効果	
			地域の活性化		
○		○	他社の意識改革		
○		○	小所帯である	多様な 働き方を 実現できる 理由	小企業と多様な働き方との関係
○			経営者の影響力が強い		
	○	○	特徴がないと注目されない		
○			手元にあるものを活用	必要な 経営資源 の調達	
○		○	安価なものを使用		
	○	○	外部資源の利用		

事例一覧（理想追求型）

事例番号			事例12	事例11	事例10
企業名			NPO法人 ママワーク研究所	㈱パルサー	㈱スマートデザイン アソシエーション
事業内容			女性の復職支援	自動券売機や 自動販売機などの販売・ レンタル・メンテナンス	ウェブコンサルティング、 移住サポート、 シェアオフィス運営
従業者数			7人 （うちパート6人）	16人 （うちパート4人）	10人
実現に向けた多様なアプローチ	採　用	効果的に魅力を伝える			○
		適した人材をみつける	○	○	
	就労形態	時間の制約をなくす	○		
		場所の制約をなくす	○		○
	評価・給与	意欲を引き出す		○	
		思いや考えを示す		○	
	福利厚生	労働条件を底上げする		○	
		良好な関係を築く			○
	育　成	時間と機会を確保する		○	
		自主的に育つ場を整える		○	○
取り組みを通じて得られる成果	人材に関する成果	従業員の増加		○	○
		意欲・能力の向上	○	○	○
		ワークライフバランスの向上	○		○
	経営に関する成果	業績の向上		○	
		業務の効率化			○
		知名度の向上	○		
	社会的な効果	雇用の受け皿	○		○
		地域の活性化			○
		他社の意識改革	○	○	
小企業と多様な働き方との関係	多様な働き方を実現できる理由	小所帯である		○	○
		経営者の影響力が強い		○	○
		特徴がないと注目されない	○	○	
	必要な経営資源の調達	手元にあるものを活用			○
		安価なものを使用			
		外部資源の利用	○	○	

事例１　課題対応型

伝統紡ぐ１日５時間の集中力

クスカ㈱

代表取締役
楠《くすのき》 泰彦《やすひこ》

［企業概要］

創　　業	1936年
資 本 金	2,000万円
従業者数	12人（うちパート７人）
事業内容	絹織物製造・販売
所 在 地	京都府与謝郡与謝野町岩屋384-1
電話番号	0772（42）4045
U　R　L	https://www.kuska.jp

京都府北部を走る丹後鉄道の与謝野駅から車で10分、府道705号線沿いの一帯は「ちりめん街道」と呼ばれている。古くから絹織物の産地で、上質な生地を京の都に供給してきた。立ち並ぶ歴史的建造物の数々が伝統の風格を感じさせる。

クスカ㈱は与謝野町で80年以上にわたって絹織物をつくり続けてきたが、一時は廃業のピンチに直面した。このタイミングで経営を継いだのが、３代目の楠泰彦さんだ。泰彦さんはどのような改革で業績を立て直したのだろうか。

手づくりネクタイで再起を図る

——事業概要を教えてください。

当社は１９３６年創業の絹織物製造業者です。現在はネクタイをつくっており、１カ月当たりの生産量は約４５０本です。価格は１本当たり１万５０００円から２万円です。

売り上げの構成は、小売りが６割です。京都市内にある直営店や当社のウェブサイトで購入できます。

残る４割は百貨店やセレクトショップ向けの卸売りです。こちらはシーズンごとに生産量を決めて受注生産する形をとっています。おかげさまで、小売り、卸売りともに注文が増え続けており、生産が追いついていない状況です。

一番の売れ筋は単色のネクタイです。地元丹後の海に着想した「丹後ブルー」は特に人気です。まずはシンプルなものを店頭で購入し、２本目以降はレジメンタルや小紋柄などデザイン性の高い商品をネットで注文する方が多いです。

お客さまが当社のネクタイを愛用する最大の理由はやはり、上質な生地の代名詞である丹後ちりめんを使っているからでしょう。地元で育てた蚕の繭から生糸をとり、撚《よ》りのない経《たて》糸《いと》と、1メートル当たり約3000回の撚りをかけた横糸を織ってできるのが丹後ちりめんです。生地に独特の縮れがあるので、染料がなじみやすく、淡い光沢感が生まれます。また、生地にわずかな隙間があるので、質感はふんわりしています。

さらにもう一つ、当社のネクタイには特徴があります。

――それは何ですか。

1本ずつ手づくりしていることです。職人1人が1日に生産する生地の量はネクタイ2本分と、機械織りに比べて少ないのですが、糸に過度な力がかからないので、素材の良さが引き立ちます。高級ネクタイではデザインにお金をかけるケースが多いなか、当社は素材の品質で勝負しています。

現在、当社には10人の職人がおり、毎日、手織り

工場内には手織り機が並ぶ

機の心地良いリズムを刻みながら生地を織っています。平均年齢は30歳代です。入社10年未満の若手が多く、金融機関に勤めていた人や、子育て中の女性など業界未経験者が働いています。皆、伝統を守ることに誇りをもって仕事をしています。

――創業83年目とのことですが、ベテランが少ないのですね。

今いる従業員は、わたしが社長に就任した2008年以降に入社した人です。古参の従業員は皆、わたしと入れ替わりで退職したのです。

当社はもともと和服の材料になる白生地を織り、京都市内の和服製造業者に卸していました。1点当たりの用尺《ようじゃく》、つまり服の縫製に必要な生地の長さはおよそ15メートルです。これを手作業で編むと3日かかります。当社を創業した祖父や2代目の父は生産効率を上げるために、モーターを使う力織機《りきしょくき》の導入を進めてきました。

ところが、和服の需要は1970年代以降右肩下がりで、多額の設備投資で手に入れた力織機が活躍する場面も減っていきました。わたしが社長に就任する直前の年商は約5000万円、最盛期の半分以下に落ち込んでいました。会社の将来を見切った若手の退職が相次ぎ、残っていたのは定年を間近に控えた従業員だけでした。

廃業を考えている。実家に帰省したわたしは、父からこう切り出されました。当時の従業員も、今が潮時と考えていたようでした。

――泰彦さんは、それまで別の仕事をしていたのですか。

わたしは高知県の高校に進学して以来、実家から離れて生活していました。卒業後は東京都内の建設会社に就職しました。高校時代に目覚めたサーフィンの趣味を究めるため、つかの間の休日を使っては全国のサーフィンスポットを巡る生活を送っていました。

父と話をするうちに、幼い頃、町内のあちこちから聞こえていた手織り機の音を思い出しました。あの音が聞こえなくなるのは寂しい。幸いなことに会社に借金はありませんでした。そこでわたしは父に、2年間だけ経営をやらせてほしいと頼んだのです。丹後ちりめんの伝統を残したい一心でした。

社長就任後、まず取り組んだのは力織機の売却です。父や従業員に退職金を支払うためです。当時は鉄スクラップ価格が高騰しており、5000万円を用意できました。おかげで父や古参の従業員の働きに報いることができました。

当社に残ったのは40坪の工場と手織り機です。わたしはまず母に織り方を教わりました。

初めての経験でしたから、技術を学ぶうちに成長を実感できました。半年ほどで複雑な柄物がつくれるようになると、いよいよ毎日の仕事が楽しくなってきました。

並行して、何をつくり誰に販売するかを考えました。その結果、ネクタイにたどり着いたのです。

従業員の集中力を引き出す仕組み

――なぜネクタイだったのですか。

理由は二つあります。一つは、和服と違って市場が大きいからです。クールビズの浸透によりネクタイの着用機会は減りましたが、そのぶんアクセサリー代わりに高価なものを身に着ける人が増えたと聞きました。丹後ちりめんを軸とした独自性を打ち出せば、チャンスはあるはずだと考えました。

もう一つは、用尺が短く、手織りでも効率的につくれるからです。ネクタイ1本の用尺は2メートル、和服1点の約7分の1です。つまり和服の7倍以上の速さで一つの商品ができあがるわけです。

さっそく試作品を用意して、百貨店やセレクトショップのバイヤーに持ち込みました。つてがなかったので出足こそ苦労しましたが、生地の品質はいうまでもありませんし、ネクタイは販売スペースをとらないので、少しずつ商品を置いてもらえるようになりました。ほかの商品と並ぶことで、丹後ちりめんならではの特徴が鮮明となり、注文は増えていきました。

手づくりですから、注文の増加に対応するためには、人手を増やすしかありません。そこでハローワークで募集することにしました。

——採用に当たって気をつけたことはありますか。

未経験者歓迎を掲げました。絹織物業界の厳しさを知る経験者よりも、日々の成長をモチベーションにしながら働いてくれる、フレッシュな人材が欲しかったからです。

もし当社が機械織りを続けていたら、機械の使い方や癖、メンテナンス方法を数年かけて学ぶ必要があるので、未経験者採用には踏み切れなかったでしょう。他方、手織りであれば、わたしがそうであったように、半年で一通りの技術を習得できます。

何より、手織りは失敗しても手戻りできます。高速で編む力織機の場合、こうはいきません。

少しでもほころびがある生地はB級品となり、価格は10分の1になります。手織りはこの心配の無い、歩留まりの高い方法なのです。

また、当社では基本的に正社員として採用していますが、5時間以下の短時間勤務を希望する方は、パートタイマーとして採用しています。両者に仕事内容の違いはありません。正社員と同様の給与制度に基づき、生産量に応じた給料を支払っています。

──どうして5時間を境にしているのですか。

従業員の集中力が品質の鍵を握るからです。そこで当社では、手織りの仕事は1日8時間勤務のうち5時間までと決めています。これは、わたし自身の経験からはじき出したものです。5時間を超えるとミスが増えるのです。

5時間で織れる用尺は約4メートル、ネクタイ2本分に相当しますから、従業員には1日2本ネクタイをつくってくれればよい、と伝えています。仮に終わらなくても残業でのカ

生地の仕上がりをチェック

バーは求めません。時間を費やしてもミスが増えるばかりで、非効率だからです。

残りの時間は簡単な縫製や事務仕事をしてもらいます。子どもの送迎や親の介護などの事情があれば、途中で会社を抜けたり、勤務時間を変更したりしても構いません。極端な話、1日5時間仕事をしてもらえればよいわけです。

残業がないこと、勤務時間の自由度が高いことをアピールポイントにしてさらに従業員を募集したところ、想像以上の応募がありました。おかげで採用のペースを一定に保つとともに、入社後はまずOJTで技術を習得、次に従業員専用の手織り機で製造に従事、そして空き時間に後輩を指導、という好循環が生まれています。

伝統は形を変え海を越える

――会社が生まれ変わりましたね。

商品は和服の生地からネクタイに、販売先は和服製造業者から一般消費者や小売店になりました。いずれも、祖父と父が築いた当社の伝統を守るための進化でした。

最も変わったのは、従業員の働き方でしょう。昔ながらのやり方に戻したわけですから、進化とはいえないのかもしれませんが、仕事に合った最適な働き方を追求した結果だと考えています。

おかげさまで、現在の年商は７０００万円台にまで回復しました。従業員に支払う給料も、同業他社に比べて高いほうだと自負していますし、業績に連動してボーナスも増やしています。

――泰彦さん自身の働き方が一番変わったのではありませんか。

いきなり経営者になりましたからね。会社の存続と従業員の雇用を守るという意味では、仕事に対するプレッシャーは増えましたが、以前に比べて自由な時間が増えたのも事実です。

実は、当社から車で20分ほどのところにある八丁浜海水浴場は、日本海側屈指のサーフィンスポットです。天気予報をみて良い波が来ると事前にわかれば、ちょっと職場を抜けて、波乗りに出かけることもあります。経営者が率先して柔軟な働き方をすれば、従業員も後を追いやすいでしょう。

さらにサーフィンの趣味が高じて、丹後ブルーの生地を縫いつけたサーフボードを自作してしまいました。当社のサイトで販売しています。ネクタイのように頻繁に売れるわけではありませんが、サーフィン専門誌などで取り上げられ、当社の知名度向上につながっています。

サーフボードをつくって気づいたのですが、丹後ちりめんはほかの製品と相性が良いと感じています。すでに、ある海外メーカーと取引が始まっています。

――どのようなメーカーですか。

中国の上海に本社を置く家具製造業者です。現地の富裕層をターゲットにした高級家具が人気です。その企業からソファの貼布に当社の生地を使いたいと依頼があり、2015年から輸出しています。当社の商品とともに丹後の地名が世界中に広がれば地元が活気づき、新たなビジネスチャンスも生まれるのではないかと期待しています。

丹後ちりめんの伝統を紡いでいくためには、時代の変化に対応していく必要があります。いつ何が起きるかはわかりませんが、従業員と力を合わせれば乗り越えられると、確信しています。

取材メモ

廃業の危機を乗り越えるため、クスカ㈱は主力商品をネクタイに変えた。高品質と希少性を武器に商品価値を高める戦略で、同社は業績を立て直した。

ポイントは、少ない経営資源をいかにして有効活用するかであった。会社には経験豊富な従業員もいなければ、資金もない。あるのは昔ながらの手織り機だけ。小企業ならではの制約であるが、楠泰彦さんはこれを逆手にとった。ハンドメードは、丹後ちりめんの風合いがいっそう引き立つ。機械と違って後戻りが利くから未経験者でも即戦力になれる。

この逆転の発想から、泰彦さんは従業員の力を最大限引き出す仕組みを生み出した。手織りの仕事を1日5時間までとする「コアタイム」である。これにより従業員の集中力を確保している。さらに同社は「残業ゼロ」や、生活環境に応じて勤務時間を変えられる「フレックスタイム制」を実現した。異業種からの若い転職者が相次ぐのは、同社が事業の再建、ひいては伝統の維持という課題に向けて必要な人材像を明確にし、その確保のために時代を先取りした職場環境を築いたからだろう。伝統の新たな担い手が育ち始めている。

近年、生産効率向上のため機械化の必要性がいわれている。だが、まず考えるべきは明日の職場を担う人の働き方なのである。

（藤田 一郎）

事例２　課題対応型

オンもオフも妥協しない職場づくり

サイファー・テック㈱

代表取締役社長
吉田《よしだ》　基晴《もとはる》

［企業概要］

創　　業	2003年
資 本 金	2,000万円
従業者数	20人
事業内容	セキュリティー対策ソフトの開発・販売
所 在 地	徳島県海部郡美波町恵比須浜田井266
電話番号	0884（70）1224
U　R　L	https://www.cyphertec.co.jp

JR徳島駅から電車でおよそ２時間。徳島県美波町に、首都圏から優秀なエンジニアが集まるIT企業がある。セキュリティー対策ソフトの開発を手がけるサイファー・テック㈱だ。東京の神楽坂に本社を構えていた同社は、なぜ美波町にやってきたのだろうか。自らも東京から徳島へ家族とともに移住してきた吉田基晴社長に話をうかがった。

時代の訪れを待つ

──事業内容を教えてください。

電子データを保護するセキュリティー対策のソフトウエア「サイファーガード」を開発、販売しています。保護の対象となる電子データは大きく2種類あります。

一つは、取引先が消費者に配信する音楽や動画、電子書籍、アプリケーションなどのデジタルコンテンツと呼ばれる電子データです。近年、配信サービスが普及していますが、電子データはそのままでは複製が可能なため、不正使用を防ぐ対策が欠かせません。

そこで、サイファーガードを使い、データを暗号化した状態で配信します。暗号の解除にはライセンスが必要です。配信企業が認めた利用者がデータを使用するたびに、ネット回線を通じて当社のサーバーからライセンスを発行して、暗号を解除する仕組みになっています。仮に、不正にデータを入手してもライセンスがなければ使用できないというわけです。

もう一つは、取引先が社内で管理する電子化された文書です。２００５年に個人情報保護法が施行されてから、情報漏洩《ろうえい》の対策は企業にとって重要な課題となりました。情報漏洩は、外部からの不正アクセスだけではなく、ＵＳＢメモリーの紛失、電子メールの誤送信などでも発生します。文書をあらかじめ暗号化しておけば、第三者による閲覧を阻止できます。

取引先の９割は東京の大手企業です。ソフトウエアの導入やライセンス発行のやりとりはすべてネットを介するため、通信環境があればすぐに利用でき、メンテナンスもリアルタイムで行えます。導入費用は20万円ほどで、ライセンスの発行回数に応じた従量課金制の月額料金をいただいています。

――類似のソフトウエアは他社も出していると思います。

他社のソフトウエアは特定の電子データのみを保護するものが大半ですが、サイファーガードはさまざまな種類に対応できる特長があります。例えば、音楽ファイル「ＭＰ３」と文書ファイル「ＰＤＦ」を暗号化する場合、それぞれに対応したソフトウエアを用意しなくても、サイファーガード一つあればまとめてデータを保護することができます。

競合の少なかった２００３年から販売を始めましたが、最初は取引先を獲得できず苦労しました。そもそも電子データの保護に関心をもつ企業自体が少なく、仮にそうした先を見つけても、実績のない当社の製品を導入してもらうのは、容易ではありませんでした。この状況に、将来を不安視した創業メンバーの多くは、退社してしまいました。

そんな折、2005年にわたしは社長に就任します。難しいかじ取りでしたが、わたしは諦めきれませんでした。製品には自信があったので、情報セキュリティーの重要性が広く認知されれば、必ずヒットすると信じていたからです。わたしは、下請け仕事や受託開発で業績を支えながら、静かにその時を待ちました。

5年ほど経った頃でしょうか。風向きが変わりました。スマートフォンやタブレット端末が普及し始めたのです。これに併せて音楽や書籍の配信が広がると、電子データの保護が注目されるようになりました。また同時期に、大手企業による顧客情報の流出が社会問題に発展すると、情報管理にコストをかける企業が増えました。

このタイミングを逃さず、わたしはサイファーガードを携え営業攻勢をかけました。他社の製品と違い、多種多様なデータの保護が手軽にできる点を提案すると、取引先はみるみる増えていきました。しかし、ここでまた新たな問題が生じたのです。

――どのような問題ですか。

人手を確保する必要に迫られたのです。急激な受注増加に対し、当社は多忙を極めました。製品に関する問い合わせへの対応、導入を決めた企業との打ち合わせ、ライセンスを発行するサーバーの管理、新しい電子フォーマットに対応するための開発などです。情報漏洩のリスクを考えると業務の外部委託はできません。年間500万円を投じて求人広告を出したり、ヘッドハンティングを試みたりしましたが、採用活動は難航しました。

成長途上の分野で専門性が高いため、エンジニア自体が希少でした。そのうえ、同業の大手企業が人材の獲得に乗り出しており、規模が小さく創業10年に満たない当社は、知名度や待遇面で太刀打ちできません。単に採用できないばかりか、従業員を引き抜かれてしまうこともありました。結局2年間成果はあがりませんでした。

共感を呼ぶ求人

――では、どのようにして人材を確保したのでしょう。

これまでのやり方で人が集まらないのなら、まったく違った切り口で求人しようと考えました。

当時、わたしは千葉の郊外に畑を借りて、休日にお米づくりを楽しんでいました。草刈りや収穫を友人に手伝ってもらっていたのですが、友人が友人を呼び、やがて30人も集まるようになりました。なかには大手企業に勤める人もいて、大半が東京勤務でした。来てくれた理由を聞くと、「農業は好きだけど畑が近くにないから」「都会での生活が息苦しく気晴らしをしたくて」と言います。

仕事では求人に苦労しているのに、趣味の農作業では簡単に人が集まる。都会暮らしのせいで趣味を楽しめない、息抜きができないという人が少なくないことを改めて認識しました。そうした人が満足できる働き方、例えば地方の自然に囲まれた環境で趣味に打ち込める働き方を提案すれば、人が集まるかもしれない。そう考えて、地方オフィスの開設を決めました。

場所は、わたしの生まれ故郷、徳島県美波町です。日本有数のサーフィンスポットとして有名な海岸がありますし、山登りや釣り、キャンプなどのアウトドアレジャーも盛んです。もちろん、農作業を楽しめる田畑もたくさんあります。自然に恵まれ、仕事と趣味を満喫したい人を呼び込むには最適だと考えました。

――大きな方針転換ですが、既存の従業員の反応はどうでしたか。

求人のためとはいえ、7人しかいない当社が新しいオフィスを構えることに、疑問をもつ従業員もいました。しかも、開設するのは東京から遠く離れた徳島です。

しかし、わたしの狙いはあくまで首都圏に住む求職者でした。農業での経験を通して、わたしの理想の働き方に共感する人はきっといると信じていました。その人たちを呼び込むために、どうしても地方オフィスが必要だったのです。

開設費は老人ホームだった建物を東京オフィスの半分以下の家賃で借りられたため、器具やOA機器などをそろえても求人広告費より安く収まりました。加えて、徳島は県内全域で通信網が整備されており、東京との会議なども支障ありません。求人対策として実現可能な計画であることを示して従業員に納得してもらいました。

――求人広告を出すと、結局高い費用がかかるのではないですか。

実は求人広告は出していません。その代わり、雑誌や新聞、テレビ番組に直接投書をして、当社を取り上げてもらいました。無謀な方法と思われるかもしれませんが、やってみるとメディアは好意的に受け入れてくれました。最先端のセキュリティー対策を手がけるIT

企業と、趣味を全力で楽しめる自然豊かな地方の職場という意外な組み合わせは、メディアにとって話題性があったのでしょう。

例えば、わたしが早朝に釣りを楽しんでから職場で働く様子や昼休みや休日に農作業に精を出す様子を取材してもらい、美波町だからできる働き方、わたしの理想とする働き方を伝えました。

メディアへの露出に対する反応はすぐにありました。美波町のオフィスを開設してから4カ月で20人の応募があり、3人を採用できたのです。年間1人の採用がやっとだった当社には大きな成果です。意外だったのが、NTTグループや富士通など名だたる大手企業の出身者が集まったことです。やりがいのある仕事をしつつ、趣味や暮らしを存分に楽しめる職場環境に引かれ、全員が東京から移住してきました。

美波町のオフィス

働き方の変化が企業を変える

――従業員が趣味や生活も追求しやすくするために取り組んでいることはありますか。

フリーオフィス制度を取り入れました。勤務地を東京と美波町のどちらにするかを自由に選べるものです。子どもの夏休み期間中は美波町で働いたり、定期的に勤務先を変えて都会暮らしと田舎暮らしの両方を楽しんだりすることができます。二つのオフィスの人員の割り振りや異動の管理に手間はかかりますが、少数精鋭の当社にしかできない制度と言えるでしょう。

なお、美波町のオフィスは新規採用者の研修の場にしています。地元の方と触れ合う機会が多いため、コミュニケーションの大切さを学んだり、地域活動に関心をもつきっかけとなったりしています。

地域活動支援休暇という制度も設けました。地域活動に参加するために、年4日の休暇を有給で取得できるものです。美波町で働く従業員は平日休日問わず、消防団や草刈りなどの地域活動に参加しています。人口7000人ほどの美波町では、こうした活動に参加する若者が少ないため、地域の方に喜ばれています。もちろん、東京でも地元の祭りに参加するときなどに利用できます。

そのほか勤続5年ごとに2週間の休暇と10万円を支給するリフレッシュ休暇制度も用意しました。海外旅行に出かける人もいれば、お気に入りの道具を買って趣味に費やす人もいます。気分転換とともに仕事につながる気づきを得る機会になればと始めたものです。

阿波踊りに参加する吉田社長と従業員たち

――働き方は大きく変化したみたいですね。

朝はサーフィン、日中は仕事、夕方からは阿波踊りの練習、夜は町内会の集まりといった具合に、美波町の従業員は仕事と趣味、地域活動と忙しい日々を送っています。「東京にいるときより忙しい」と従業員たちは笑います。時間を意識して仕事をするようになり、日常的にやりとりを行う東京の従業員にも浸透しています。

従業者数は美波町にオフィスを開設する前の7人から現在は20人まで増加しました。従業員も定着しつつあり、入社を希望する人たちからの問い合わせは現在もあります。

また、受注できる量が増えただけではなく、新しいコンテンツへの対応などの開発に注力できるようになりました。美波町に来る前と比べると、売り上げは倍増しています。

仕事も趣味も生活も全力で取り組める職場にしたことで、当社は大きく変わりました。今後もそうした働き方を継続するという意思を明確にするため、2014年に本社を美波町に移しました。わたし自身も2016年に家族を連れて移住しました。これからも当社らしい働き方を追求していきたいと思います。

取材メモ

同社の成長の鍵は、仕事も趣味も生活も全力で追求できる職場にあった。2年もの間、従業員の採用という課題を抱え続けた吉田社長は、自らの理想に共感する人の存在に気づき、周りの反対を押し切って求人のための地方オフィスという突拍子もないアイデアを実行に移した。結果として求める人材を獲得できただけでなく、フリーオフィス制度や地域活動支援休暇、リフレッシュ休暇などを新設して、社内の働き方も変えてみせた。その成果は、業績や地域貢献といった形で表れている。

「仕事に生きる、趣味に生きると、どちらかを諦めるのはもったいない」。そう話す吉田社長は、東京と美波町を行き来する忙しい日々の傍らで、所有する船での釣りや暖炉のまきづくり、阿波踊りへの参加など美波町での暮らしを楽しんでいる。社長自らも実践する働き方は、大手企業ではなかなか実現できない。だからこそ、同社の門をたたく人が後を絶たないのだろう。

（長沼 大海）

事例3　課題対応型

笑顔になれる取り組みで従業員が定着

㈱ザカモア

代表取締役社長

西村《にしむら》　拓朗《たくろう》

［企業概要］

創　　業	1930年
資 本 金	1,100万円
従業者数	20人（うちパート9人）
事業内容	靴のインターネット販売
所 在 地	福井県坂井市丸岡町一本田中29-5-1
電話番号	0776（97）5297
U　R　L	http://www.zacamore.co.jp

創業80年を超える靴の小売店が2012年、当時24歳であった西村拓朗社長の就任に合わせて社名を変えた。その名は㈱ザカモア。「THE」「感動」「ユーモア」を組み合わせた社名には、たくさんの感動とユーモアを生み出せる会社にしたいという西村社長の思いが込められている。

再生の活路となったインターネット販売

――事業の内容を教えてください。

インターネットで靴を販売しています。「靴のニシムラ」という店名で楽天市場やアマゾンなどのショッピングサイトに出店しています。特徴は大手の小売店が取り扱わない、中小メーカーの靴を幅広くそろえていることです。事務所に隣接した倉庫には約１５００種類、５万足の商品を常に用意しています。

当社は１９３０年に東京で創業して、１９５５年から福井県内に店を構えて靴を販売してきました。２代目の社長だった祖父は3代目の父と協力して経営していましたが、２０００年代に入ると大型商業施設の出店などにより、売り上げが減少し、赤字が続きました。

打開策として父はインターネットでの販売を開始しました。１日１件程度でしたが、実物を見ずに靴を買う人がいることに驚きました。インターネット販売の将来性を感じとり、大学在学中でしたが、インターネット販売をやらせてほしいと父に頼み、一切を任せてもらいました。家業の手伝いを通じて独学で身につけた商売の基本を取り入れることで、２年後には年商2億円に達し、黒字にすることができました。

――どのように売り上げを伸ばしたのですか。

安価であることを売りにするサイトがあるなか、価格で競争しても当社のような小さい会社では勝ち目はありません。そこで、インターネット販売でお客さまが感じる疑問や不安を取り除いて満足度を高めようと、三つの取り組みを行いました。

一つ目は、問い合わせ先となる電話番号をトップページや各商品の紹介ページに大きく掲載し、わかりやすくしたことです。そのため、当時は問い合わせの電話が鳴りやまない事態になってしまいましたが、実際に電話番号の掲載が購入の決め手になったというお客さまが増えていき、商売の基本は不安を取り除くことであると確信できました。

二つ目は、商品が届いて1週間以内であれば、サイズ交換に応じたことです。実際に履くまで自分の足に合うのか不安に感じる人もいるでしょう。もし合わなくても交換できるので、心配しなくてすみます。

三つ目は、「News Letter」という約10ページの冊子を商品と一緒に送付したことです。インターネット販売では売り手の顔が見えません。当社のことを知って安心してもらおうと、顔写真や店舗の様子を掲載したり、本社がある丸岡町の見所や魅力を写真付きで紹介したりしています。2カ月に1回、内容を更新しており、現在は発行回数が50回を超えています。

こうした取り組みが実を結び、「連絡先がすぐにわかって安心できた」「ネットのお店なのに顔が見られて親近感が湧いた」などの口コミが増え、売り上げにつながったのです。

――その実績を買われて社長に就任したのですね。

大学卒業後はそのまま家業に就き、インターネット販売の責任者になりました。その後、事業の将来性を見込んだ祖父は、2012年にわたしを社長に選びました。店舗での販売は父が別会社を立ち上げて引き継ぐことになり、当社はインターネット販売専門の会社となったのです。

社長就任に当たり、わたしはこれまで以上に驚いたり喜んだりするサービスを提供してお客さまを感動させる会社にしたいという思いを従業員に示すため、社名を「ザカモア」に変更しました。感動とユーモアを組み合わせた造語です。ところが、就任して間もなく、13人いた従業員が次々と辞めていき、たった2人になってしまいました。

当時入社4年目、24歳のわたしは自分の考えを伝える場をつくろうと朝礼や会議の時間を増やそうとしていました。しかし、「忙しくてそんなことをしている場合じゃない」と言われるなど、従業員の気持ちをうまくつかめず空回りしていました。従業員にどう対応してよいかわからず、頼りにならない社長に見えたのだと思います。

取り急ぎ人手を確保しようと、求人誌やハローワークで従業員を募集しました。しかし、数カ月で辞めていく人が後を絶ちませんでした。

働き方の改善を図るシステム

――なぜ従業員が定着しなかったのですか。

仕事を熟知している従業員が辞めるたびに仕事の内容が分からなくなり、社内が混乱していったからです。当然余裕がなくなり笑顔も会話もなくぎすぎすした職場になっていました。また、それまでの取り組みを振り返ってみると、お客さまに感動を与えることばかりを意識していて、与える側の従業員への配慮がおろそかになっていたことに気がつきました。

従業員が笑顔になれるような会社でなければ真に感動を生み出すことはできません。

職場の人間関係の改善と業務の効率化という二つの問題に対処する必要がありましたが、まずは人間関係の改善に取り組みました。先に業務の効率化に着手しても、人間関係が悪いままでは、従業員一丸となって取り組むことができず、思うような成果は得られないと考えたからです。

そこで、月に一度、飲み会とランチミーティングを行い、従業員と交流する機会を増やしました。加えて毎朝、全員で職場を掃除しました。職場をきれいにすることはもちろん、従業員同士が会話する時間をつくることが目的です。前日のテレビ番組や気になるお店のことなど仕事と関係のない雑談を掃除中にすることで従業員の仲が良くなり、社内の雰囲気は明るくなりました。

続いて、「いいね！スタンプ」制度を始めました。これは、業務のやり方や職場環境の改善案を提案すると、1件当たり最高で3ポイント、900円相当を付与し、100ポイントたまると3万円を支給するものです。従業員のモチベーションと改善に対する意識を高める狙いがあります。導入後は、従業員が日頃から働きやすい職場にするにはどうしたらよいか考えるようになり、多くの改善案が出てきました。

――次はいよいよ業務の効率化に取り組んだわけですね。

当社では、受注から発送までの一連の作業は人に仕事が張り付いていて、担当している従業員でないと対応できませんでした。注文のあった商品をピッキングする作業も、在庫の保管場所を覚えているかどうかで、作業スピードが大きく変わり、経験の乏しい従業員にとっては負担となっていました。そこで、経験者と非経験者の差を埋めることができる二つのシステムを導入しました。

一つは、2014年に導入した倉庫管理システムです。入荷時に商品のデータと保管場所を登録すると、専用の端末からバーコードラベルが印刷され、それを商品の箱に貼ります。注文が入った際には、在庫データをもとに納品書を作成し、記載されたバーコードを端末で読み取ると保管場所が表示されます。その保管場所で商品の箱に貼られたバーコードを読み取り照合することで、商品を間違いなくピッキングできます。入社したばかりの従業員も経験者と同等の時間で作業できるようになりました。

――もう一つのシステムは何ですか。

2015年に導入したチェックリストシステムです。受注後のメール送信や納品書の作成など、受注から発送までの作業について約５００項目に細分化したチェックリストをつくり、マニュアルとして共有するものです。チェックリストに従って作業を進めていけばよいので、先輩の従業員がつきっきりで指導する必要がなくなりました。受注作業を一人で任せられるようになるまで1年くらいかかっていましたが、1カ月に短縮でき、作業そのものの時間も1日当たり約2時間30分削減できました。

システムの利用料は二つ合わせても月10数万円です。導入したことで仕事の効率は格段に向上し、終業時刻には仕事を終えられるようになりました。「入社したばかりでも経験者と同等の仕事ができる」と、その効果には従業員も感動しており、採用してもすぐに辞めてしまう従業員はいなくなりました。

倉庫でピッキング作業をする従業員

ユーモアがある採用活動

――最近は新卒採用を始めたそうですね。

２０１６年に初めて新卒採用に向けた会社説明会を行うことにしました。事業を50年、１００年と発展させていくには若い世代が必要です。ただし、新卒であれば誰でも良いというわけではありません。頭で考えるよりも、先に行動ができ、仲間と協力していけるような人を採用したいと思いました。

会社説明会で当社が求める人を詳しく説明すれば採用できると見込んでいましたが、甘い考えでした。開催について新卒採用コンサルタントをしている友人に相談すると、学生は知名度が低い中小企業の会社説明会にはほとんど参加しないと言われました。

学生を集めるにはメディアが取り上げるほどインパクトのあるイベントを同時に開催する必要がある。その友人にアドバイスされ、思いついたのが運動会です。運動会は、同じ目標に向かって協力して体を動かしますから、当社の求める人を集めるのにもうってつけです。

「会社説明会の前に4時間の運動会をやります」とプレスリリースすると、地元の新聞社やテレビ局が取り上げてくれて、定員の20人を超える応募がありました。

運動会には就職後のミスマッチを防ぐ狙いもありました。チーム内で話し合いが必要なドッジボールや大縄跳びを行い、わたしや従業員と自然にコミュニケーションをとれるようにしました。指示を出し合ったり声を張り上げて応援したりすることを通して、当社の雰囲気や働く人の人となりが十分に伝わったと思います。おかげで、その後の会社説明会と従業員を交えたグループトークでは質問が絶えませんでした。

運動会で大縄跳びをする参加者

――新卒採用は成功したのですか。

1次選考には7人来てくれたのですが、全員が運動会の参加者でした。次の2次選考ではログハウスを借りて合宿を行いました。一緒に料理をつくったりお酒を飲んだりしながら会話すると、1次選考の面接では聞けなかった本音を聞けました。
運動会の開催や合宿による選考を取り入れた結果、行動力があり協調性の高い学生を3人採用できました。翌年も同様の活動を行って3人を採用しました。この6人の新卒者は現在も全員働いています。社長就任後に2人だけとなった従業員は、今では19人にまで増えました。

――職場環境を改善してきた成果が出ているわけですね。

最近は、意見や悩みを聞くための懇親会を毎月行ったり、誕生日や結婚記念日には、朝礼時に花束や手紙を贈ったりするなど、規模が小さいからこそできる取り組みを新たに実施し、従業員との関係を深めています。
当社ならではのユーモアを発揮し、お客さまに感動を届けられる会社であり続けるためには、従業員が感動できる会社でなければなりません。今後も、従業員が笑顔になれる感動をつくるという方針の下、職場環境の改善に努めていきます。

取材メモ

同社は、顧客の疑問や不安を取り除くことで、インターネット販売で成果をあげ、経営危機を乗り越えた。しかし、その代償として従業員に負担を強いてしまい、従業員が定着しないという新たな危機に直面した。

この問題を解決しようと、西村社長は従業員の声を聞く場や制度を用意し、また業務効率化のためにITを導入することで、働きやすい職場づくりに取り組んだ。採用活動でも、社長や従業員と交流できる機会をつくり、入社後に感じるミスマッチの解消に努めている。

インターネット販売というと、パソコン画面上の無機質なやりとりをイメージしがちだが、同社の取り組みの根底には人の温かみがある。同社の従業員が笑顔で働き続ける限り、その温かみが失われることはないだろう。

（小瀧　浩史）

事例4　課題対応型

地域活動への参加で育つ従業員

㈱大志《たいし》建設

代表取締役

杉澤《すぎさわ》　教人《のりひと》

［企業概要］

創　　業	1963年
資 本 金	1,000万円
従業者数	12人（うちパート3人）
事業内容	土木工事、造園工事
所 在 地	静岡県沼津市西沢田850-8
電話番号	055（923）1128
U R L	http://taishi-c.co.jp

静岡県沼津市の㈱大志建設は、土木工事や造園工事を中心にさまざまな仕事を手がけている。緊急の仕事や特殊な仕事にも対応し、顧客から頼りにされる存在となっている。背景には、個人を名指しで仕事を依頼してもらえるような従業員の能力の高さがある。同社ではどのようにして従業員を育成しているのだろうか。杉澤教人社長に話をうかがった。

顧客に選ばれる理由

——事業の内容を教えてください。

当社はわたしの祖父が１９６３年に創業した企業です。当初は造園の仕事だけでしたが、現在では、土木工事、エクステリアの設計と施工、公園の遊具の設置や補修、手すりやスロープを取りつけるリフォーム工事なども手がけるようになっています。

仕事の約６割は地元自治体の公共工事です。当社が元請けとなる場合もあれば、元請けとなった同業者から作業の一部を請ける場合もあります。残り４割の仕事は、地元の民間企業や個人からの依頼です。

お客さまから一番に相談される企業を目指しており、実際に緊急の仕事や特殊な仕事に対応することがしばしばあります。例えば、大雨で水没した道路にバリケードを設置したり、蜂の巣を駆除したりといった仕事です。発掘された遺跡の移設や映画の撮影現場となる場所の整備をしたこともあります。

——なぜ顧客は御社に相談しようと考えるのでしょうか。

理由は二つあると思っています。

一つは、相談された仕事は経験がなくてもやってみることにしているからです。特定の仕事に固執してしまっていると売り上げは伸び悩んでしまいますし、そもそも、お客さまが困っていることを解決するのが商売の基本ではないでしょうか。

どこに頼めばよいかわからない、対応してくれる業者がいないといって相談に来られるお客さまもいらっしゃっていますが、そうした仕事は当社の成長につながる格好のビジネスチャンスといえます。

未経験の仕事とはいっても、不安には感じません。お客さまは当社の事業内容を踏まえて相談に来られます。これまでの仕事の経験やノウハウを活用できることが多いですし、従業員は初めての仕事でも気後れすることなく取り組んでくれます。

また、積極的な投資で設備や道具をそろえ、対応できる仕事の幅を広げています。従業員からの要望があれば、なるべく購入することにしており、最近も高精度の測量機器を導入したところです。１００メートル先の誤差が１ミリメートルというもので、ここまで高い精度が本当に必要なのかと思ったのですが、依頼を受けて設備や道具が必要になったときに、すぐに購入できるとは限りません。それに、設備投資で従業員の仕事が楽になるのなら、決して無駄ではないと思います。

――もう一つの理由は何ですか。

従業員の仕事ぶりが丁寧で、相手の立場を踏まえた説明や気遣いが自然にできるからだと思っています。

例えば、報告書や納品書などの書類はパンチで穴をあけた状態でお客さまに提出し、受け取ってすぐにつづれるようにするなど、相手の仕事のやり方を把握してできるだけ手間をかけずにすむような対応を心がけています。

また、工事や作業に当たっては、事前に周辺の住人にあいさつや説明をしたり、安全を確保するために交通整理をしたりしますが、お客さまからは、当社の従業員に任せればトラブルがなく安心と評価していただいています。

特定の従業員を名指しして仕事を依頼されるお客さまもおり、当社が継続的に仕事をいただけるのは、従業員の力が大きいです。

従業員の地域活動をサポート

――従業員の育成方法に工夫がありそうですね。

地域貢献手当を出して地域活動への参加を促しています。支給対象となる地域活動に制限はないですが、これまでの例では自治会や消防団、子ども会、ＰＴＡなどが多いです。

地域活動は人を大いに成長させてくれます。異なる業界や立場の人と話す機会が増え、知識や考え方の幅が広がります。大勢の人の前で話したり組織をまとめたりといった機会もあります。これは、小さな企業で勤務していると、なかなかできないことでしょう。そして、「他人から求められている」「自分が役に立っている」「やればできる」という実感を得られます。その結果、自己肯定感が高まり、物事に意欲的に取り組むようになります。

現在、地域貢献手当を支給している従業員は５人います。正社員が３人、パートが２人です。手当の額は月に２０００円から５０００円で、地域活動で就いている役職によって変わります。複数の地域活動に参加している場合は、月１万円を上限に、それぞれの活動に対して支給します。もちろん、参加する際は有給休暇を取得してもらっています。

——いつごろから地域活動を通じた育成に取り組んでいるのですか。

地域貢献手当の支給を始めたのは2010年です。わたしの経験がきっかけとなっています。

わたしは大学で土木工学を勉強した後、自然環境の保全について学べる専門学校に通いました。後を継ぐつもりでいたからで、卒業後の2001年に迷うことなく当社に入りました。他社で勤務せずに入社したことに後悔はありませんでしたが、社会人としてさまざまな経験を積んでおかなければ、経営者として通用しないのではと感じていました。そこで、母の勧めもあり、2002年に地元の青年会議所に入会しました。

青年会議所では、ビールのつぎ方から会議の進め方まで、諸先輩方からさまざまなことを学びました。また、強いリーダーシップをもった素晴らしい先輩がおり、その振る舞いを見習わせていただきました。2009年には理事長に就任し、選挙の公開討論会を開催したり、商店街で子どもの職業体験のイベントを実施したりしました。こうしたイベントを通じて、企画力や交渉力などが鍛えられました。

一方、理事長になると会社を空けなければならない日が増えました。父が病に倒れたため、2004年に当社を継いでいたのですが、従業員を育成する余裕やノウハウがなく、従業員の能力を把握できていなかったこともあり、わたしはそれまで従業員に仕事を任せることが不安でした。しかし、やむを得ず、仕事を任せてみると、当初は多少のミスもありましたが、任せるほどに責任感が出て成長していくことがわかりました。従業員の得意なことと不得意なことも見えてきて、得意な仕事を任せるようにすると、ますます意欲的に働くようになりました。

――思わぬ形で従業員の育成方法をつかんだわけですね。

やらせることが重要だと考え、どんどん仕事を任せるとともに、従業員の良いところを見つけて、その長所を生かそうと心がけました。

ただ、改めて考えると、従業員の成長が期待できる場所は会社だけではありません。わたしが青年会議所の活動を通じて成長できたように、従業員も地域活動に参加すれば、さらに成長するのではないかと思いました。

また、会社を辞めた後でも、地域から求められる存在であれば、充実した人生を送れるはずです。会社を退職してからの居場所がなく、さびしく過ごしている方がいると聞くことがあります。そうならないためにも、働いているときから地域とのつながりを築いておくことが重要ではないでしょうか。このような思いもあって、従業員の地域活動をサポートしようと決めたのです。

従業員と地域に恩返し

——地域活動をサポートした結果はいかがですか。

地域活動に参加するわたしの姿を見ているためか、従業員も積極的に地域活動に参加しています。生活に張りが生まれ、生き生きと幸せそうに働いています。社内の雰囲気は良く、以前よりも会話が増えたように思います。現場から帰っても、すぐに自宅には帰らず、事務所に常備しているお菓子を食べながら、和気あいあいと雑談しています。

仕事にも好影響が出ています。先ほどお話ししたように、初めての仕事でも前向きに取り組むようになりましたし、仕事ぶりが評価され、お客さまから継続的に受注できるようになりました。その結果、売り上げは順調に増加し、経営は安定しています。従業者数は、わたしが社長に就任したときの4人から、現在は12人に増えています。

さらに、従業員がしっかりと仕事をしてくれるので、わたしが現場に出なくても大丈夫になりました。毎週実施している社内の改善案を考える会議でも、これまでに100を超える提案が従業員から出てきました。

採用した提案の一つに倉庫の整理があります。当社にはたくさんの設備や道具、資材がありますが、整理整頓が不十分で、必要なものを持ちだすのに時間がかかることがありました。ジャンルごとに分けてラベルを貼り、置き場所を整理したことで、どこに何があるか、誰でもすぐにわかるようになり、現場に行く準備にかかる時間が短くなりました。

――従業員の成長がそのまま会社の成長につながっているようですね。

そのとおりです。そこで、従業員の頑張りに報いるため、2017年に就業規則を改定し、利益を従

従業員の発案で整理された倉庫

業員に還元できるようにしました。

例えば、資格手当の拡充です。資格ごとに額を定め、月5000円を上限に支給していましたが、上限を2万円に引き上げました。資格を複数もっていれば、より多くもらえるようにしたのです。資格の取得にかかる学費や受験費用、通学にかかる交通費などは、手当とは別に全額会社負担としています。

また、10年前に導入していた子ども手当を改めて明文化し、将来にわたって間違いなく支給することを保証しました。第1子は8000円、第2子は1万2000円、第3子は1万6000円、第4子以降は2万円を、その子どもが高校を卒業するまで毎月支給するものです。支給額は何人目の子どもであるかで決まり、支給対象の人数は関係ありません。つまり、第1子が高校を卒業して支給対象でなくなっても、第2子にかかる支給額は1万2000円のままです。

こうした手当てを整備したことで、従業員の賃金水準は同業他社よりも高くなっていると思います。なお、就業規則の改定は社会保険労務士と相談して進めましたが、子ども手当の支給額は支給対象の子どもの数で決めることが一般的だそうで、当社の支給ルールについては驚かれていました。

――御社が従業員を大切にしていることがうかがえますね。最後に今後の抱負を教えてください。

当社のように小さな企業は地域の需要に支えられています。地域に元気がなければ、事業を継続していくことはできません。東日本大震災の被災地に青年会議所の仲間と支援に行ったときに、改めて地域とのつながりを意識しました。

地域に支えられるばかりではなく、支える存在になりたい。そう考えるようになり、２０１５年に会社の入り口に井戸を掘って、地域の人が自由に利用できるようにしました。災害で水道が使えなくなっても困らないようにするためです。また、倉庫に保管している設備や道具は、災害時や非常時には、誰でも使用できるようにするつもりです。個人としても会社としても、地域の発展に少しでも貢献できればと思っています。

地域の人が自由に利用できる井戸

取材メモ

取材を終えると杉澤社長は一枚の紙を渡してくれた。経歴書と書かれたその紙には、杉澤社長がこれまでどのような地域活動に参加してきたかが記載されている。数えてみると、現在就いている役職が14、過去に就いていた役職が25もあった。青年会議所で理事長を務めたことがきっかけというが、関係者が本当に杉澤社長のことを評価し、心から求めなければ、これだけの役職には就けないだろう。

同社は地域活動への参加を促すことによって人材育成という課題に対応した。ただ、同社の従業員が地域活動に参加することになった一番の理由は、杉澤社長が数多くの地域活動に、本気で、そして楽しそうに、取り組んでいるからではないだろうか。小企業は経営者と従業員の距離が近く、経営者の姿勢や考え方が直に従業員に伝わる。地域のために何かしたいという杉澤社長の熱意も、間違いなく従業員に伝わっているはずだ。

（井上 考二）

事例５　課題対応型

働きたいをかなえるサテライトオフィス

㈲データプロ

代表取締役

影本《かげもと》 陽一《よういち》

［企業概要］

創　　業	2001年
資 本 金	300万円
従業者数	23人
事業内容	ウェブサイト制作
所 在 地	徳島県三好市池田町サラダ1674-1
電話番号	0883（72）0523
Ｕ Ｒ Ｌ	https://dp778.co.jp

リーマン・ショック以降、人手不足感が高まっている。特にＩＴ業界では問題が深刻だ。人手不足は機会損失の発生や外注費の増加などをもたらし、企業成長の足かせとなる。しかし、そんな逆風下でも従業員を増やし、成長を続けているウェブサイト制作会社がある。徳島県の最西端にある三好市に本社を構える㈲データプロの影本陽一社長に話を聞いた。

離職する経験と、される経験

――御社の概要を教えてください。

当社は、２００１年にわたしの父が徳島県三好市で創業しました。当初は経理ソフトウエアの開発、販売をやっていましたが、現在はウェブサイト制作を中心に手がけ、これまでの制作数は１５００件を超えます。

依頼元は地場の中堅企業や官公庁が多く、制作費の平均は約１１０万円です。けっして安くはない価格ではありますが、費用に見合うだけの価値あるウェブサイトを提供できていると思っています。

制作の流れを簡単に説明しますと、まず、ディレクターが依頼元と打ち合わせを行い、ウェブサイトの目的や利用層のターゲットなどを把握します。その後、ワイヤーフレームというウェブサイトの設計図を作成します。それをもとにデザイナーがウェブデザインを制作して、エンジニアが実装します。掲載する写真はカメラマンが撮影にうかがいます。この４人でチームを組んで、一つのウェブサイトをつくり上げます。作業を細分化し、それぞれを専門スタッフが担うことで品質を高めています。特に、プロカメラマンが撮影した写真をデザイナーが効果的に配置するとウェブサイトは視覚的に映えます。納品時はいつも緊張しますが、依頼元に満足いただけたときはこの上ないうれしさを感じます。

また、企業などから直接依頼を受ける元請けだけではなく、東京のパートナー企業から、デザインやプログラミングなど、ウェブサイト制作の一部を引き受ける下請けもしています。元請けのほうが単価も利益率も高いため、多くの同業者は下請けを好みませんが、当社は積極的に引き受けています。下請けでも利益は出ますし、多くの案件を手がけることで従業員の技術向上につながるからです。入社後3年で300件のデザインをこなした従業員もいますが、下請けを受けているからできたことです。

――どうしてウェブサイト制作を手がけるようになったのですか。

2009年にわたしが入社し、新事業として始めました。ただ、そこに至るまでは少し回り道をしています。

わたしは高校卒業後、三好市を離れて高知工科大学に進学しました。しかし、アメリカンバイクに熱中するあまり、大学を辞めて大阪のカスタムバイクショップに就職しました。

2004年のことです。

整備や営業の傍ら、バイクやパーツを販売するECサイトの制作を任されました。経験はなく、独学で苦心して立ち上げたのですが、当時はまだ競合先も少なかったことから売り上げは着実に伸びていきました。ECサイトの店長を任され、やりがいを感じていましたが、一向に昇給しないことに徐々に不満がたまっていき、3年半ほどで退職しました。

ウェブサイト制作は面白く、仕事としての将来性もありそうだと思い、ウェブサイト制作会社に転職しました。ここで改めて制作技術を学び直し、一通りの技術を身につけた頃には25歳になっていました。独立して起業することも考えましたが、悩んだ末、父の会社に入ることにしました。

大学を辞めたときは、当社に入るつもりはありませんでした。しかし、当時は従業員がおらず、父が引退して廃業すると顧客に迷惑をかけてしまいます。「息子であるわたしが継がねば」という思いが徐々に強くなっていました。また、子どもが生まれる予定もあり、自然豊かな地元で子育てをしたいとも考えました。そこで、三好市に戻り、培ってきた技術を活かそうと新事業としてウェブサイト制作を始めたのです。

――新事業の滑り出しはいかがでしたか。

想定以上に順調でした。自社サイトをもつ企業は2000年ごろから増えましたが、業者に委託して制作するケースが大半でした。情報が古くなっても社内に更新できる人材がおらず、ウェブサイトを一新したいと考える企業も多くありました。経理ソフトウエアの顧客に営業して仕事をいただくと、その後は口コミで仕事が舞い込んでくるようになりました。依頼は増える一方で、一人また一人と従業員を採用して対応していきました。

経理ソフトウエア販売とウェブサイト制作の売り上げが逆転したこともあり、2012年11月には父に代わってわたしが社長に就任しました。

ところがその直後、従業員4人のうち、3人がほぼ同時に退職してしまったのです。転職や独立など理由はさまざまでしたが、背景には待遇に対する不満があったのだと思います。当時、仕事量に対して人手が不足しており、慢性的に長時間労働となっていました。また、昇給制度も定めていませんでした。従業員が収入を増やすためには、転職か独立をするしかなかったのです。

慌てて求人を出しても、すぐに人は集まりません。学生時代の友人に入社してもらうなどして、なんとか当面の仕事をこなしていきましたが、やがて、即戦力となる人材を地元で採用するのは限界があるのではと考えるようになりました。というのは、当社のある三好市は徳島県の最西端の山間の町です。県庁所在地の徳島市とは80キロメートルほど離れています。進学や就職を機に市外に出る人が多く、地元で仕事をするエンジニアの数が少ないのです。

人材がいる場所に出向く

――どう対応したのですか。

サテライトオフィスを出すことにしました。徳島県は高速通信網を整備し、ＩＴ産業の振興を図るため、サテライトオフィスの誘致に取り組んでいます。都市部のＩＴ企業が何社も進出し、地元の人材を採用しています。この方法にヒントを得て、人材の多そうな地域に仕事をする場所、つまりサテライトオフィスを用意すれば、そこで働きたい人が求人に応募してくれるのではないかと考えたのです。

思惑は当たりました。手始めに２０１３年に徳島市にオフィスを開設したところ、２カ月ほどで40歳代のベテランプログラマーを採用でき、その後も人が集まりました。２０１４年には愛媛県の四国中央市に、２０１７年には高知市と鳴門市にオフィスを相次いで開設しました。

ただし、オフィスを増やすと賃料がかさみます。小さな企業にとっては大きな負担となるため、できるだけ安く借りられる物件を探しました。例えば、徳島オフィスは商店街の空き店舗を使い、鳴門オフィスは同業者のオフィスを間借りしています。こうした工夫により、月間の総賃料は40万円ほどに抑えていいます。

――サテライトオフィスを出すだけで、人が集まるものなのですね。

すべてのオフィスがうまくいったわけではありません。四国中央市では思うように人が集まらなかったため、２０１８年にオフィスを閉鎖しました。

それでも、やはりサテライトオフィスは人材が集

商店街の一角にある徳島オフィス

まりやすいと思います。求人の際に提示する給与は、同業者と比べて際立って高いわけではありません。人材が集まるのは、地元で働けるということが大きな理由だと思います。

徳島県内でウェブサイトの制作を行っている会社は、サテライトオフィスで進出している企業を含めても30社程度でしょうか。都市部と比べると数は多くありません。働きたいと思っても、通える範囲に会社がない、会社があっても求人していない、といったことがよくあります。働きたい場所に働きたい会社がなかった人に、サテライトオフィスで働く場所を提供できている。だから、うまく採用できているのだと思います。

従業員のなかには、オフィスが複数あることに魅力を感じている人もいます。奥さんが徳島県内で転勤のある仕事に就いている人で、転勤の都度、一家で引っ越すそうです。転居しても当社の最寄りのオフィスで勤務できるため、当社に入ることにしたといいます。

また、働きたいと思える会社であることも人材が集まる理由の一つだと思います。求職者は就職を考えている会社のウェブサイトを事前に確認するでしょう。当社のウェブサイトには従業員が執筆しているブログがあります。従業員同士の交流や表現力向上を目的に実施しているものですが、その内容を見ると、遊びに行った話やおいしいご飯を食べた話、趣味やペットの話など、充実した私生活を送っている様子がうかがえます。社内の研修旅行やバレーボール大会の記事もあり、従業員同士の仲が良くアットホームな雰囲気の会社であることも伝わります。こうした記事を見て、一緒に働きたいと応募してくる人もいます。

――オフィスが複数あると、管理が大変ではないですか。

各オフィスにはカメラを設置し、サテライトオフィスは本社の様子を、本社は全サテライトオフィスの様子を、モニターに常時映しています。そのためオフィスが離れていても距離感は感じませんし、何かあったときでもすぐに把握できます。このシステムは市販の機材を使って自社で構築したため、10数万円の費用ですみました。

一方で、従業員同士が直接顔を合わせることも大切だと考えており、3カ月ごとに全社員を集めた経営会議を行っています。

日常業務に関してはオフィス長に仕事の進捗管

本社の様子を映すモニター

理を任せています。さらに、わたしの前職での経験や社長に就任した直後の反省を踏まえ、従業員の成果を適正に評価し、その結果を基に昇給させる目標管理制度を構築しました。

地元で働きたい人の受け皿に

――成果はいかがですか。

一時、わたしと父を含めて3人にまで減った人員は、現在23人にまで増えました。定着率もあがり、正社員として採用した従業員が退職することはほとんどなくなりました。従業員が増えたことで対応できる仕事の件数は以前よりも増え、多い月には50件近くのウェブサイトを制作しています。

また、育成する余裕も生まれました。この業界では人材不足が深刻化しており、経験者の採用は難しくなると予想されています。そこで、２０１５年から新卒者や未経験者の採用を始めました。下請け仕事のなかから簡単なものを経験の浅い従業員に割り振り、ＯＪＴで育成しています。

——今後の課題はありますか。

当社は約半数が女性で、育児中の人もいます。わたし自身も3人の子どもがおり、育児をしながら働く苦労はよくわかります。20～30歳代の若い社員が多いため、結婚や出産などのライフイベントを迎えても働き続けられる環境を整備したいと思っています。

地方では人口が減っていますが、働きたいと思う会社があれば若い人をつなぎ留めることができると思います。わたし自身、大学を辞めて大阪で就職しましたが、カスタムバイクの店のように働きたいと思える会社が地元にあれば、大阪には行かなかったと思います。

当社が地元で働きたいと考えている人たちの受け皿となり、これからも徳島を盛り上げていきたいと思います。

取材メモ

情報通信業は人手不足が深刻な業種の一つだが、㈲データプロは人手不足の問題を乗り越え、成長を遂げている。

サテライトオフィスが同社の成長の起点となったのは間違いない。影本社長はサテライトオフィスの目的を「従業員のため」と言い切る。サテライトオフィスがあることで、従業員は自宅の近くで、やりたい仕事ができる。そのため、従業員の満足度が高く、離職者は極めて少ない。

そして、従業員を確保できたことで、たくさんの仕事を従業員の長時間労働に頼ることなく受注できるようになった。地方都市にはウェブサイト制作の仕事が少なく、不利だと考えられがちだが、同社は東京のパートナー企業からも下請け仕事を受けることで、売り上げを伸ばすとともに未経験者を育て上げている。

小さな企業のサテライトオフィス。地元で働きたい従業員を満足させつつ企業の成長を実現する一つの手段といえるだろう。

（鈴木 啓吾）

事例６　課題対応型

生涯現役を果たせる環境を整備

㈱テラサワ

代表取締役

寺澤《てらさわ》　防子《ほうこ》

［企業概要］

創　　業	2003年
資 本 金	1,500万円
従業者数	５人
事業内容	水処理設備開発・製造・販売
所 在 地	埼玉県秩父郡横瀬町横瀬5774-8
電話番号	0494（22）8824
Ｕ Ｒ Ｌ	http://terasawa24.co.jp

母親に「手に職をもて」と言われて育てられた寺澤防子さん。キヤノン電子の前身である秩父英工舎に入社することが決まると、何かで一番になり、その道を究めるという目標を掲げた。同期の女性たちが結婚や出産を理由に辞めていくなか、定年まで勤め上げ、環境改善や製造現場の改善にかかる豊富な知識とノウハウを身につけた。仕事が生きがいとなった寺澤さんは64歳で創業し、定年後も働きたいというシニアと共に元気に働き続けている。

加工部品の洗浄液を浄化

――事業の内容を教えてください。

当社は、NC旋盤やマシニングセンタなどの工作機械で加工した部品などを洗う洗浄液を浄化する装置の製造とメンテナンスを行っています。

工作機械の削りかすや油分が付着したまま加工部品を使用すると、加工品質や精度の低下の原因になります。そのため、工場では加工のたびに洗浄液で洗う必要があります。洗浄液は繰り返し使用しますが、徐々に削りかすなどの異物や潤滑油の油分で汚れて、洗浄力が低下します。汚れた洗浄液は定期的に新しいものに取り換えて廃棄しますが、そのコストが年間数百万円かかっている工場もあります。当社の製品は、異物や油分を取り除いて、洗浄液をきれいにすることで洗浄力が維持向上し、繰り返し使用できるようになり、廃棄コストを5分の1以下に減らすことができます。洗浄液を半年以上継続して使えるようになり、年間で300万円以上も廃棄コストを抑えることができた工場もあります。もちろん、洗浄液の取り換えで機械を停止する回数が減ったり、廃棄作業にかかる人件費を削減できたりするなどメリットはたくさんあります。

主力製品は二つあります。一つ目は、異物や油分を「浮いた」状態にすることから名前をつけた「ｕｉ《ウイ》太郎」です。洗浄液が循環するタンクに接続し、磁気併用のマイクロバブル、つまり、微細な気泡をホースで送り込む装置です。マイナスの電荷を帯びたマイクロバブルがタンク内のプラスの電荷をもつ異物や油分に吸着し、簡単に液面に浮上させることができます。

二つ目は、「膜式濾過《ろか》装置」です。この装置の核は、長さ70センチメートルほどの円筒に約３０００本の管状の膜を詰めた膜モジュールです。管状の膜には直径０・００1マイクロメートルの穴があり、汚れた洗浄液を膜モジュールに通すと、洗浄液の成分であ

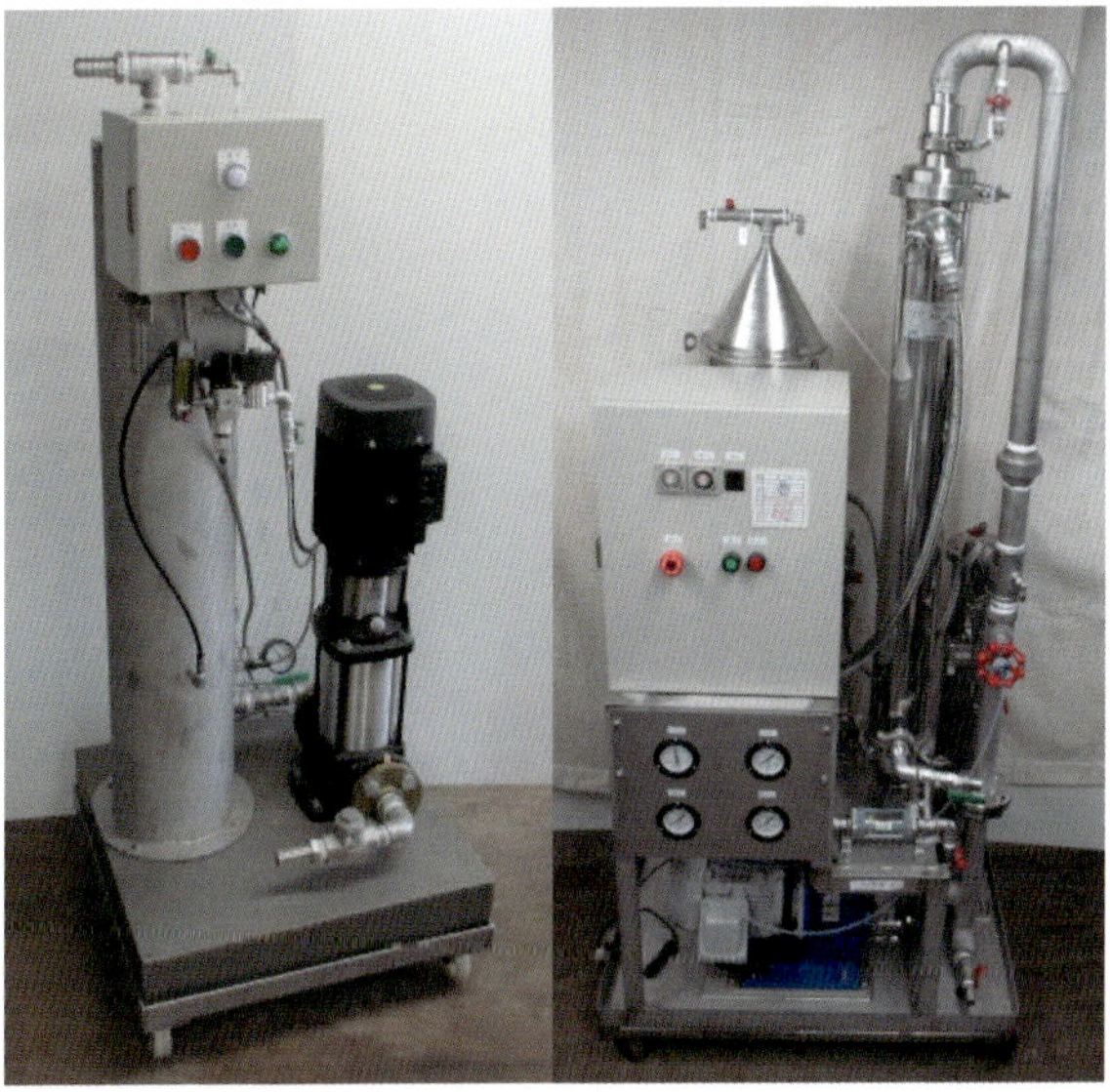

ui 太郎（左）と膜式濾過装置（右）

る水と洗剤だけがにじみ出ます。穴を通らない異物や油分を分離できるというわけです。当社の膜は油分をはじく特殊膜で、目詰まりを起こしにくくなっていますが、徐々に目詰まりを起こします。装置内で濾過方向とは逆に水を流して油分を膜から剥離させる逆洗《ぎゃくせん》を繰り返しますが、それでも膜は徐々に閉塞《へいそく》します。その時点で交換しますが、膜モジュールを使い捨てるのではなく、洗浄して再利用することでランニングコストを下げています。

除去したい異物の大きさや洗浄液の種類などによって、二つの装置を使い分けます。どちらもスイッチを入れるだけで操作は簡単。構造もシンプルで故障しにくいのも特徴です。

――取引先はどういったところが多いのですか。

トヨタ自動車や住友重機械工業などの大手製造業者の工場が中心で、約100社あります。当社の装置は数百万円するので、浄化液を大量に使用し、廃棄コストの削減効果が大きい会社が導入してくれています。

導入の相談があると、まず従業員が工場を訪問してどのような部品の洗浄で、どのような洗浄液を使用しているのか、どれぐらいの頻度で洗浄液を廃棄しているのかなどを把握します。そして、どの装置を使用するか、洗浄液の廃棄コストがどれだけ減らせるかなどを提案し、事前テストやデモ機の貸与を行って効果を確認します。

事前テストでは思いも寄らないことが生じることもあります。例えば、膜式濾過装置で洗浄液を浄化すると、洗浄力がなくなってしまうことがありました。その工場では複数の洗剤成分の洗浄液を使用していたのですが、膜式濾過装置の精度が良すぎて、一部の洗剤成分が取り除かれてしまっていたのです。そこで、0・01マイクロメートルの膜に変更することで解決しました。

このように当社の仕事は、製造現場に関する知識だけでなく、化学や物理の素養も必要になります。

――ノウハウはどうやって身につけたのですか。

わたしは、キヤノンのグループ会社で精密機械器具などの開発、製造をしているキヤノン電子に定年まで42年間勤めて、主に生産技術の仕事をしていました。工場の生産性をあげるために作業工程を改善したり、環境負荷を低減できる仕組みをつくったりしました。そのときに、洗浄液をはじめとする産業廃棄物の削減に努めたことが今の事業に活きていると思います。

定年まで働き続けることができたのは、入社したときに掲げた目標があったからです。20年以上勤務し、何でもよいので一番になり、その道を究めるという目標です。
仕事中心の生活を送り、出産したときも母に子どもの面倒をみてもらい、すぐに職場に復帰しました。おかげで同社初の女性役職にしていただき、多くの後輩と一緒に頑張ってきました。また、数えきれないくらい製造現場を見てきたため、工場を訪れると抱えている問題点がおのずと見えてくるようになりました。

頼りになるシニア

――入社時の目標が、今も第一線で働くモチベーションになっているのですね。

目標に向かって、仕事に邁進《まいしん》していくうちに、仕事が生きがいになっていました。今では仕事のない人生は考えられません。定年直後は知人の会社でお世話になり、濾材の研究開発などに携わったことが現在の業務に役立っています。仕事大好き人間のわたしが働き続けるには自分が経営者になるのが一番だと思い、２００３年に創業しました。

実は、4人いる従業員の全員がわたしと同じように定年退職したシニアです。そのうち3人はキヤノン電子で一緒に仕事をした後輩です。製造の仕事を続けたいと思っている後輩に声をかけ、経験豊富な従業員を集めました。

もっとも、創業当初からシニアを雇っていたわけではありません。当初は、わたし一人で濾過装置の開発をしていました。それが、知人の会社からある製品の製造を請け負ってほしいと依頼され、従業員を雇うことにしたのです。ハローワークを利用して集めた従業員は、20代や30代の若手が中心で、製造の経験が少ない人ばかりでしたが、元請け会社の指導もあって何とか対応できました。

しかし、膜式濾過装置の事業も行うことになりました。装置を開発した大手の油漏れ防止のシールメーカーが、本業に注力するために小規模な事業から撤退することになり、知人の紹介で事業を引き継ぐことになったのです。

――経験が少ない従業員だけで対応できたのですか。

膜モジュールについては、引き続き製造してくれるとのことでしたが、装置の設計や新規の取引先への提案、既存の取引先へのアフターフォローなどは、当社がしなければなりませんでした。しかも、取引先は大手ばかりです。経験が少ない従業員では、取引先からのさまざまな要求にうまく対応できず、トラブルになることがありました。従業員のほとんどが仕事についていけず、2年ももたずに辞めていきました。

当社の技術を理解できる優秀な従業員が欲しい。わたしは、定年を迎えたキヤノン電子の後輩に声をかけるようになったのです。

——仕事の内容はまったく違うと思いますが、大丈夫なのですか。

キヤノン電子に勤めて身につけた基礎知識と応用力のおかげで、当社の技術を理解するのに時間はかかりませんでした。もちろん、改めて一から育成する必要はありません。

わたしが心がけているのは従業員が実力を発揮しやすくストレスのない職場づくりで、仕事のやり方やペースは従業員に任せています。そうすると、従業員もより働きやすい職場にしようと自主的に動いてくれます。職場の課題が見つかるたびに、従業員は話し合って、わたしに改善策を提案してきます。

例えば、毎月約25万円かかっていた当社の水道料金の削減です。工場で使用した水を再利用できるシステムを開発してくれ、料金は約10分の1になりました。作業の効率化にも取り組み、膜式濾過装置の膜モジュールの洗浄方法を改善してくれました。膜が痛まないようにしながら洗う必要があるため、従来は手作業で慎重に洗っていた工程も、セットするだけで自動洗浄できる装置へと改良してくれました。

シニアが働きやすい環境づくり

――提案を採用しないこともあるのですか。

どれも職場改善につながる提案ばかりなので、全部採用しています。短時間勤務の提案があったときは驚きましたが、集中して仕事をしたほうが生産性はあがると思い、迷わず採用しました。

勤務時間は、もともと午前8時から午後5時まででした。現在は就業規則を改定し、月曜日から木曜日は午前8時から午後3時、金曜日は午前8時から正午と短くなっています。取引先の工場に出張する場合は、移動に時間がかかるため、午前8時から午後5時を基本としています。平日でも趣味や休息に充てられる時間が増えたので、従業員はより生き生きと仕事をするようになったと思います。
有給休暇の取得も従業員同士で作業スケジュールの調整をして、希望どおりに取得しています。シニアだと健康面が心配になりますが、病気や体調不良を理由に休むケースは、今のところありません。
ただし、働く時間が短くなるため、給与体系は月給制から時給制へと変更しました。それでも、毎年必ず昇給させており、給与水準は近隣の会社よりも高いと思います。

——短時間勤務の導入は取引先にも影響があるのではないですか。

実は、事業内容は製造から開発とメンテナンス中心に変わっており、そのことが、影響なく短時間勤務を実施できた理由になっています。

膜式濾過装置を点検しているシニア従業員

メンテナンス中心になった理由は、当社の製品は故障が少なく、耐用年数が長いため、新規ユーザー以外の更新需要がほとんど発生しないからです。経営面としてはけっして楽ではありませんが、緊急な仕事が減少し、仕事のスケジュールが立てやすくなったので、より短時間勤務に適した環境になりました。

――今後の展望を教えてください。

最近、水産関係の企業や高校の水産科からの問い合わせが増えています。きっかけとなったのは、2017年に、近隣のマス釣り場を営んでいる企業にu・i太郎のデモ機を貸与したことです。釣り場内の水が汚れてマスが弱ると相談を受けたからです。

そこで、u・i太郎を使って水をきれいに保つと同時に、磁気による水質の改善を提案しました。夏場でも効率よくマスが釣れるようになり、お客さまの満足度があがったそうです。そのうわさを聞いて、手長エビやチョウザメの養殖業者から導入の相談が寄せられるようになりました。

新たな市場での取引先が増えていけば、現在の人員だけでは対応できなくなるでしょう。働きやすい職場環境を維持向上し、シニア従業員を増やしていこうと思っています。

取材メモ

取材中、午後3時になると工場で作業をしていた従業員たちは「お先に失礼します」と寺澤さんにあいさつして帰っていった。平日のまだ日の明るい時間帯だが、工場には誰もいなくなり、機械が止まって静かになった。

同社では寺澤さんを含めて全員が生涯現役を目指して仕事を続けている。経営者と従業員の目指しているものが同じだから、従業員が働きやすい職場づくりについて改善策を積極的に提案し、寺澤さんもその提案を採用する。自分のやりたい方法で仕事ができる環境にあるため、従業員はその実力を存分に発揮できるのだろう。

豊富な経験や知識をもつシニアは、重要な戦力となりうる。人材の質の問題をシニアの採用で乗り越えた同社はその好例である。人手不足に悩む小企業にとってその活用を検討しない手はない。

（小瀧 浩史）

事例７　理想追求型

家族満足度の向上が経営の支え

アライツ社労士事務所

所長

浅野《あさの》　貴之《たかゆき》

［企業概要］

創　　業	2005年
従業者数	８人
事業内容	社会保険労務士事務所
所 在 地	愛知県名古屋市中村区名駅南2-11-44 GS名駅南ビル4階
電話番号	052（414）6903
U　R　L	http://www.arights.com

　中小企業の労務の相談に乗っているアライツ社労士事務所。所長の浅野貴之さんは、勤務時代の苦い経験を踏まえ、働き方を変えようと事務所を立ち上げた。仕事も生活も共に大切にしている浅野さんは、従業員にも生活や家族を大切にするよう声をかけ、それを働きながら実現できる環境を整えている。

現場の問題点を踏まえたアドバイス

――御社の業務の特徴を教えてください。

社会保険労務士事務所として就業規則の作成や従業員の雇用にかかる手続き、給与計算の代行など人事や労務に関する事務を請け負っています。健康保険や厚生年金保険、雇用保険などの手続きといった定型的な業務については、電子申請システムを使って業務を効率化しています。インターネットを利用して労働基準監督署やハローワーク、年金事務所に申請、届出ができるため窓口に出向く時間を削減できるのです。

また、お客さまからの労務に関する相談に対応しますが、こちらについては現場を見たうえでアドバイスするようにしています。現在、顧問契約を結んでいる先は150社程度あり、多くは中小企業です。自ら営業や製造などの現場に立つ社長が多く、労務に関する知識、経験が十分にあるという方はあまりいません。そのため、職場環境や従業員の働き方に問題があっても問題として認識していなかったり、問題を把握していても、何が原因でどう解決すればよいかがわからなかったりします。

当社は社長と従業員の双方にとってより良い職場環境を整備するためには何が必要かを検討して改善策を提案しています。そのためには、社長の話を聞くだけでは不十分です。顧問先を定期的に訪問して実際の職場の状況や従業員の意見などを確認することが重要になります。

――具体的にどのようにして職場の状況等を確認しているのですか。

製造や販売の様子を見たり、会議に同席したりしています。

例えば、ある建設会社の社長から長時間労働を解消したいと相談を受けたときは会議に参加させてもらいました。土砂を効率的に運搬するために、ダンプカーをどう配車するかを話し合う会議です。議論が進むにつれて、ダンプカーの運転手から早出をしたいという意見が出てきました。長時間労働につながるような話ですが、早出をすれば渋滞に巻き込まれるのを避けられるので、その後の仕事がスムーズに進むというのです。そこで、早出を認めて時間外手当を支払うよう提案しました。

また、運転手は一匹おおかみ的なところがあり、就業規則を確認せずに、個人の判断で動くことが多いとわかりました。そこで、図やイラストを使ってわかりやすく就業規則を解説したハンドブックを作成し、全員に交付して、何かあればすぐに参照するように促しました。

――御社でもより良い職場環境を整える取り組みをしているそうですね。

はい。当社では、創業時から休みや勤務時間の要望に柔軟に対応するなど働きやすい環境づくりに取り組んできました。仕事柄、自社の労働環境が良くなければ労務相談に乗っても説得力がありませんし、わたしの勤務時代の経験から、自分の会社は働きやすい環境にしたいと考えているためです。

わたしは社会保険労務士になる前は、営業職として大手建設会社に勤務していました。朝から晩まで長時間働くことが毎日のように続き、休みも取りにくいような環境でした。そんな働き方に違和感を覚え、当時は何のために働いているのかを見失っていたように思います。

そうしたなか、大学時代からの親友が創業すると聞き、何かしらの手助けができればと社会保険労務士を目指しました。人事や労務の専門家になれば、何のために働くのかといった疑問に対する答えがわかるのでは、という思いもありました。その後、資格を取得し、サラリーマン生活に見切りをつけたわたしは、２００５年に事務所を立ち上げました。以降、従業員がわたしと同じ思いをしないようさまざまな取り組みを行っています。

遠方に引っ越しても働き続ける

――どのような取り組みですか。

特徴的な取り組みにテレワークがあります。２００８年に、ある女性従業員が夫の転勤で関東に引っ越すことになりました。当時はまだ創業して４年目です。仕事を覚えた従業員に辞められてしまうと業務が滞ります。また、彼女も当社の働く環境を気に入っていて、できれば働き続けたいと思っていました。そこで、テレワークを提案したところ、喜んで受け入れてくれたのです。

テレワークの開始に必要な設備はパソコンくらいで、費用はそれほどかかりません。電子申請システムのおかげで、遠方でも仕事ができます。ただ、テレワークは容易に導入できると考えていましたが、運用していくなかで二つの問題が出てきました。

――それは何ですか。

一つ目は、テレワークで働いていると、仕事の相談をするタイミングをつかめないことです。お客さまと電話で話をしているとか、急に外出の予定が入って出かける準備をしているといった、職場のリアルタイムの状況がわかりません。事務所で働いていれば問題なくわかることが、テレワークではできないのです。相談のために連絡をするたびに、迷惑をかけてしまっているのではと不安に感じていたようです。

二つ目は、インターネットの環境と情報管理です。テレワークをする場所によっては、インターネットに接続しにくいということがありました。また、書類作成で取り扱っているのはお客さまの大切な情報です。従業員のパソコンだけに保存していると故障や破損した場合のリスクがあるほか、紛失、盗難などにより漏洩《ろうえい》してしまうリスクが付きまといます。

——どのように改善したのですか。

一つ目の問題については、相手先の様子を写せるアプリを入れたスマートフォンを2台用意しました。1台は従業員が所有し、もう1台をわたしの机の横に設置し、いつでも所内の様子を確認できるようにしました。また、わたしも従業員側の様子がわかるので、相談があったときは従業員のパソコン画面を見ながら指示を出すことができます。

このスマートフォンによって、テレワークをしている従業員が会議に参加できるようにもなりました。各自の仕事の進捗状況などを確認する週に1回の会議のほか、事務所の方向性を考える重要な会議を年に数回行っています。従業員全員が参加できるので一体感を維持できています。

二つ目の問題については、当社でインターネット回線を整備しました。また、イントラネット、つまり企業内ネットワークを構築して、情報を担当者のパソコンではなく会社のサーバに保存し、社内で共有できるようにしました。仕掛中の仕事の状況や郵便物の送付記録も共有するようにしたので、お客さまから問い合わせがあっても全員が対応できます。

テレワークを始めてから10年ほど経ち、テレワークをめぐる社外の環境も大きく変わりました。コピー機やファクスといった事務機器を使いたい場合は、厚生労働省が民間企業に運営を委託しているサテライトオフィスを利用できるようになりました。

スマートフォン（左）が写す所内（右）

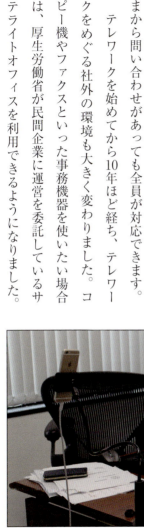

モデル事業のため首都圏、大阪、愛知に限られますが、無料で利用できるので助かっています。最初にテレワークをした女性従業員は、夫の転勤にあわせて3回引っ越し、今は埼玉県の草加市に住んでいます。気分を変えたいときはカフェなどで仕事をしており、先日3人目の子どもを出産しました。当社には彼女のように子育て中の人が多いです。テレワークのニーズがあることから、名古屋の事務所で働く従業員も利用できるようにしました。現在当社では従業員7人のうち2人が利用しています。

家族の顔まで見える関係づくり

——子育て中の人が仕事と生活を両立させるのは大変ではないですか。

当社では仕事と生活の両立が図れるよう"Family Satisfaction"、つまり家族の満足度をあげる取り組みをしています。顧客満足度のCSや従業員満足度のESを参考にしたもので、FSと呼んでいます。

このFSの向上に取り組むうえで休暇取得はとても重要です。授業参観などの学校行事に参加する場合だけではなく、子どもの急病などの場合に休みが必要となるからです。そのため、休暇を取得しやすい環境をつくっています。

例えば、仕事は必ず2人以上で担当するようにしました。1人が主担当、もう1人が副担当となり、お互いのスケジュールを共有しています。一方が休みを取っても仕事に支障を来しませんので、会社やお客さまに迷惑をかけてしまうという精神的負担が軽減できます。

また、子どもの年齢に応じて利用できる制度をつくりました。小学校就学前までは短時間勤務、小学校3年生までは時間単位で取得できる看護休暇、小学校6年生までは始業時間の繰り上げや終業時間の繰り下げができる制度などです。

――環境が整えば休暇の取得は進みますか。

環境を整えるだけではなく、休暇取得の意思を遠慮なく言い出せる従業員同士の関係づくりも重要です。当社が目標としているのは、家族の顔まで見える関係です。

そのため、福利厚生として年に一度行っている慰安旅行では、家族や両親の参加を奨励しています。もちろん、費用は当社が負担します。行き先は毎年アンケートをとって決めており、過去には、沖縄や大阪などに行きました。テレワークをしている従業員とその家族も参加するので、年に1回の交流の機会にもなっています。

旅行を通して従業員同士がお互いの家族のことを知ることができるので、子どもが風邪をひいたので休みたいと聞けば、その子の顔が浮かんできて、休みを受け入れやすくなるのです。それぞれの家族のことまで知れるのは小企業だからこそできることかもしれません。家族にとってもどういう人と働いているのかがわかるので、安心できるようです。家族ぐるみでの付き合いが増え、従業員同士の仲が良くなりました。自主的に連絡網が形成され、最近では直接連絡を取り合って調整したうえで、休みを申請することが多いです。

こうした取り組みの結果、長期間の休みを取る従業員が出てきました。女性従業員が1年間、男性従業員が2週間、それぞれ一人ずつ育児休業を取得しています。

――自社の職場環境を良くすることで対外的な効果はありましたか。

出産や育児、配偶者の転勤といった離職の原因となりうる出来事があっても、従業員は働き続けてくれます。お客さまにとっては、ずっと同じ担当者がつくことになるため、「当社のことをよくわかっている人に相談できる」という安心感が生まれます。しかも、勤務年数を重ね経験が豊富なことから、ミスがなくレアケースへの対応にも詳しいです。お客さまの期待に十分に応えることができています。

おかげさまで最近は営業をしなくても、口コミで新規のお客さまが増えています。当社がある愛知県内の企業だけではなく、北海道や千葉など遠方の企業からも相談の依頼がきています。その場合、現場を見る機会がどうしても少なくなります。テレワークのツールを使用するなどして、適切なアドバイスができるようになることが今後の課題です。

創業して多くの中小企業の相談に対応してきましたが、仕事をするのは、生活や家族のためだと考えるようになりました。仕事によってこれらが犠牲になってはいけないですし、逆にこれらが仕事の妨げになってもいけないです。従業員とその家族の満足度をいっそう高めるために、これからも働き続けられる環境を整えていきたいです。

取材メモ

配偶者の転勤や出産・育児などを理由に勤務先を退職する人がいる。しかし、働き続けられる環境が職場に整っていれば、事情が違っていたかもしれない。きっと、辞めずに済んだ人がたくさんいるはずだ。同社を取材して、そんな考えが頭に浮かんできた。

同社は人事、労務の専門家として、クライアントの職場改善に助言を与えるとともに、自らも先進的な取り組みでリードする。現に、同社を手本に従業員の休暇取得にあわせて旅行券の支給を始めた顧問先もあるそうだ。家族満足度を高めることが、経営の安定につながる。同社が理想の働き方を追求し、その実践によってこうした考えや取り組みが広がれば、配偶者の転勤や出産・育児では退職しない社会が実現するのかもしれない。

（篠崎 和也）

事例８　理想追求型

優秀な人材を確保する短時間勤務と副業

イニシアス㈱

代表取締役

三浦《みうら》　次郎《じろう》

［企業概要］

創　　業	2014年
資 本 金	5,150万円
従業者数	26人
事業内容	障害のある子どもの運動療育教室
所 在 地	東京都三鷹市下連雀3-17-20 サンライズ三鷹１F
電話番号	0422（24）8704
Ｕ Ｒ Ｌ	http://initias.co.jp

　障害のある子どもに運動療育のサービスを提供しているイニシアス㈱。2016年、東京都内の三鷹教室を皮切りに創業した同社は、2017年に祖師谷大蔵《そしがやおおくら》教室、2018年に練馬武蔵関教室を相次いで開設している。事業を拡大するためには人手を確保する必要があるが、同社の場合、サービス内容から誰でもよいというわけにはいかない。専門性の高い人材をいかにして確保したのか。三浦次郎社長に話をうかがった。

子どもの成長をサポート

――事業内容を教えてください。

障害のある子どもや発達が遅れている子どもに対する療育を行っています。療育とは、社会的に自立できるように成長を手助けする医療や教育のことです。未就学児を対象にする児童発達支援事業と、就学児を対象にする放課後等デイサービスの二つの事業があり、「ＴＡＫＵＭＩ」という名称の教室で運営しています。２０１６年に東京都三鷹市で一つ目の教室を開設した後、世田谷区に祖師谷大蔵教室を、練馬区に練馬武蔵関教室を開設しています。

当社が行う療育は、ソーシャルスキルを高めることを目的としています。ソーシャルスキルとは、自分の順番が来るまで待つ、先生の話を聞いて指示に従う、誰かにぶつかったら謝るなど、学校や社会に適応するうえで基礎となる能力です。療育が必要な子どもは言葉がうまく出てこなかったり、体を動かすことが苦手だったりします。症状の程度はそれぞれ違うため、一人ひとりに合ったプログラムを用意して、少しずつできることを増やしていきます。そうすることで自己肯定感が強くなり、日常生活を支障なく笑顔で過ごせるようになるのです。

――療育が必要になる子どもは多いのですか。

近年は増えてきています。昔は軽度の障害があったり発達が少々遅れたりしていても、特別に対応が必要になることはあまりなかったと思います。兄弟姉妹や近所の子どもたちと体を動かして一緒に遊ぶ経験を重ねることで、自然とソーシャルスキルが高まり、症状が改善されていたようです。

しかし、現在は少子化が進み、ほかの子どもと遊ぶ機会が減っています。親の目が行き届くようになった結果、ほかの子どもと比べて、言葉の発達が遅い、落ち着きがないといったことを気にするようになり、問題が顕在化しやすくなっています。また、保育園や幼稚園、学校などの障害への理解が深まっています。気になる子どもがいれば、保護者に自治体や病院への相談を勧めることがあります。

こうした変化によって、療育が必要とされる子どもが増えてきており、療育のサービスを提供する事業所も増加しています。

――御社の療育はほかの事業所と比べて何か違う点があるのですか。

療育には、勉強や工作、楽器の演奏など、さまざまなプログラムがあります。そのなかで当社は、体を動かすことを中心としたプログラム、つまり運動療育に力を入れています。カエルなどの動物の動きをまねる模倣運動や跳び箱などの運動を通じて脳の機能の発達を促し、ソーシャルスキルの向上につなげています。

また、少人数制を取り入れ1クラスの人数を少なくしています。人数は基本的に3人前後とし、できるだけ障害の程度が同じくらいの子どもを集め、3人の従業員で対応します。子どもと同数程度の従業員で対応することで、それぞれの子どもにしっかりと目を配ることができるのです。

一方、多くの療育教室は、その日に受け入れる子ども全員を一度に預かります。幼稚園や小学校に子どもを迎えに行き、教室が終わると自宅へ送り届けるサービスをしているため、1日に1コマのクラスしか開講できないからです。

他社が子どもの送迎をしているのは、保護者の育児負担の軽減や仕事との両立支援のため

運動療育に取り組む従業員

ですが、当社では、療育を受ける子どもは保護者と一緒に教室まで来てもらいます。送迎のために従業員が離れる時間をなくし、営業時間のほとんどを療育に充てることで、複数のクラスを開講できるようにしました。

当社では、1コマ1時間のクラスを、平日は午後1時半から午後7時までに4コマ、土曜日は午前10時から午後5時までに5コマ、行います。1日に受け入れる子どもの数は同じでも、複数のクラスを組むことで1クラス当たりの人数を少なくできるのです。

優秀な人材が集まる働き方

――専門的な知識が必要になる仕事のようですね。人材の確保が大変ではないですか。

子どもたち一人一人と向き合い、成長のためにどのようなプログラムが必要かを考えていくため、従業員には運動療育や発達心理学に関する知識が求められます。また、子どもはこちらが思うように動いてくれませんから、子どもに対する接し方のノウハウが欠かせません。

運営には、スポーツトレーナーとしての経験が長い人や、教員や保育士の資格をもっている人が必要になります。

ただ、事業の性質から、同業者より高い給与を提示して従業員を確保することができません。というのも、児童発達支援事業も放課後等デイサービスも、事業収入の基準は、介護事業と同じように、国によって明確に定められています。給与を他社より高く設定すると経営を圧迫してしまいます。

そこで当社は、従業員を確保するために、働き方に関する二つの取り組みを実施しています。

――どのような取り組みですか。

一つは、就業時間を1日6時間の短時間勤務としていることです。残業もほとんどありません。平日であれば午後に出社すればよいため、午前中の空いた時間を習い事や資格取得の勉強、家事などに充てることができます。子育て中の従業員は、子どもを学校に送り出してから出社できるので助かっていると話しています。満員電車に乗らなくて済むので通勤の負担が少ないと話す従業員もいます。

もう一つは、副業を認めていることです。現在、従業員の約7割が、短時間勤務で空いた時間を活用して副業をもっています。内容は、スポーツジムのインストラクターや非常勤の教師、飲食店の店員など、さまざまです。

副業は従業員にとって別の収入源になるだけではなく、スキルアップにもつながるので、当社にもメリットがあります。インストラクターや教師の仕事は、副業先の同僚との交流を通じて最新の情報を得たり、実践して効果のあったトレーニング方法を取り入れたりする機会となります。飲食店での勤務も接客のスキルを身につけられるので、保護者との連絡や面談に生かせます。

当社は、業界誌などに求人広告を掲載する際、こうした働き方が可能なことを前面に押し出しています。そのせいもあってか、三鷹教室の開設時から、多くの応募者が集まり、従業員の確保にはあまり苦労をしていません。

――創業当初から働き方を工夫していたのですね。

それは過去の経験があったからこそですね。当社を立ち上げる前、わたしは介護関係の仕事に就いていました。介護業界では、人手不足に悩む企業が多くあります。離職率が高く、残った従業員の負担は大きくなり、労働の負担に見合った給与が得られないと考え、さらに従業員が離職してしまうという話をよく聞きました。

最大の原因は、従業員のモチベーションを高められなかったことにあるのではないかと思います。高齢者が元気に楽しく暮らせるようにサポートをしたいと入社したのに、利用者の送迎のための運転など、サポート以外の仕事に時間をとられることが多かったからです。希望する仕事と実際の仕事で、ミスマッチが生まれてしまっていたのでしょう。

従業員に長く働き続けてもらうためには、希望する仕事に専念できる環境と働きやすい職場を用意することが必要ではないだろうか。介護業界に身を置いていたときに学んだことを踏まえ、理想の働き方を実現しようと、働き方の工夫に取り組んだのです。

子どもの成長がやりがい

――従業員の皆さんは働き方に満足していますか。

満足していると思っています。短時間勤務なので、私生活を充実させられます。給与水準そのものは他社と同程度ですが、就業時間が短いぶん、1時間当たりの給与でみれば同業者より高いですし、収入を増やしたい場合は副業もできます。

実際、当社を創業して4年経過しましたが、これまでに辞めたのは2人だけです。その2人も、当社で働くのが嫌で辞めたわけではありません。親の介護の問題が生じてしばらく仕事に集中できない、夫が創業するので手伝いたい、という家庭の事情が理由です。しかも、それが解消されると、また当社で働きたいと2人とも戻ってきてくれました。

また、子どもの送迎をなくしたことで、勤務時間のほとんどを子どもの成長のための療育に充てられます。従業員は、子どもの自立を手助けすることに専念できるのです。

――モチベーションの向上に成功したわけですね。

はい。従業員はやりがいをもって働いてくれています。最近では、もっと療育にかかるスキルを高めたいと、役に立ちそうな研修を自ら探してくるようになりました。

例えば、ペアレントトレーニングの研修です。これは、子どもの行動の背景を理解し、親が育児でストレスや悩みを抱えることのないようにするためのもので、療育にも活用できます。

こうした研修に参加するための費用は当社が全額負担しますし、社内でも、外部講師を招いて年に5回ほど研修を行っています。研修の内容はやはり従業員の要望に基づいて決めています。

先日実施したのは、WISC《ウィスク》テストの結果の分析方法を学ぶ研修です。WISCテストは、医師が障害の有無を判断する際に使用するツールの一つで、いわゆる知能指数を測るものです。一口に障害といっても、その症状には個人差があります。子どもの苦手なことや得意なことをテスト結果から読み取り、より適したプログラムを考えられるようにしたいということで実施しました。

このように従業員は情熱をもって仕事に取り組んでいます。その熱意が保護者にも伝わるのか、口コミで当社を利用する子どもの数が増えており、2017年に祖師谷大蔵教室、2018年に練馬武蔵関教室を開設することになりました。さらに、症状が改善しても、子どもを通わせ続ける保護者の方も多いです。子どもが教室に行きたがっているからという理由に加えて、当社の従業員に育児について相談できるからだそうです。

――子どもの成長だけではなく保護者の育児も手助けしているのですね。最後に今後の課題を教えてください。

療育の現場で何か問題が生じても、従業員は自分たちで話し合って解決策を考えていきます。わたしは従業員の自主性に任せていて、基本的に口を出すことはありません。ただし、従業員の意識が、ソーシャルスキルを身につけ自立できるようにするという療育の目的から外れていきそうなときは、客観的な立場で意見を言うようにしています。

運動療育をしていると、どうしてもプログラムで設定した課題を達成できたかどうかということに焦点が当たりがちです。跳べなかった跳び箱を跳べるようになったことを喜ぶのは、もちろん重要なのですが、その過程から、どのようなソーシャルスキルを身につけられたかを常に考えてもらいたいと思っています。こうした積み重ねが、当社の運動療育の質をさらに高めるものになると信じています。

取材メモ

同社の教室名「TAKUMI」の由来は、職人を意味する「匠」だそうだ。子どもの成長を支えるプロ集団でありたいという思いが込められている。

この思いを形にするには、高い専門性を身につけた人材の確保が必要だ。同社は、短時間勤務ができる、副業をもってもよいというように、あまり他社では採用していない働き方を提示することで実現させた。さらに、療育に専念できる環境を整えたり、スキルアップのための手厚い支援を用意したりしてモチベーションを高め、従業員の定着を果たしている。

小さな企業にとって優れた人材の確保は容易ではない。三浦社長は、企業の知名度や給与水準で勝負できないなら、従業員の立場でどのように仕事をしたいかというように、理想の働き方を考え抜いた。だからこそ、人材が当社に引きつけられ、離れないのである。

（篠崎　和也）

事例９　理想追求型

支え合いが可能にする仕事と生活の両立

㈱エムディーシー

代表取締役

大澤《おおさわ》　美帆《みほ》

［企業概要］

創　　業	2009年
資 本 金	1,000万円
従業者数	３人（うち契約社員２人）
事業内容	映像の企画・制作
所 在 地	東京都渋谷区宇田川町36-2 ノア渋谷1103
電話番号	03（5962）8723
U R L	http://www.mdc.cx

憧れていたテレビ番組の制作の現場には、出産後も働き続ける女性の姿はなかった。働き方を相談できる先輩がいないなかで、出産後も仕事を続けてきた。

㈱エムディーシーの大澤美帆さんは、映像制作に関する技術をもつフリーランスの女性たちを集めて「MDC女子部」を立ち上げた。その狙いは何だったのだろうか。話をうかがった。

女性の感性を活かした映像制作

――事業内容を教えてください。

テレビ局が放送する番組やCMの映像、企業の社内研修用の映像、商品のプロモーション映像などを制作しています。わたしはプロデューサーとして、依頼主と打ち合わせを行い、スタッフを集めてチームをつくり、企画から撮影や編集のトータルプロデュースをしています。スタッフはフリーランスの方を活用しており、ディレクターやカメラマン、映像デザイナー、CGクリエーター、ライターなど、依頼主が求める映像を制作するうえで必要な経験と技術をもつメンバーを選んでいます。

――得意としている映像はあるのですか。

映像に関する仕事なら何でも対応できますが、「女性受けする映像をつくってほしい」という依頼が売り上げの半分を占めています。

例えば、主婦をターゲットとした商品を宣伝する映像や、女性アイドルが女性ファンの獲得を狙った映像などです。女性の視聴者を増やしたいテレビ局が、発注してくることもあります。

当社がこのような映像を制作できるのは、映像制作に関する技術をもつフリーランスの女性を集めた「ＭＤＣ女子部」があり、そのメンバーが制作に携わるからです。女性に受けるためには、「かわいい」「おしゃれ」といった要素が欠かせませんが、これらの表現は、やはり男性よりも女性のほうが向いています。映像をキラキラと輝かせる加工一つをとっても、男性が考える加工と、女性目線で制作する映像では明らかに感性が異なります。

映像制作の業界は男性が多く、当社のように豊富な経験と技術をもつ女性を抱えている同業者はいません。ＭＤＣ女子部は、当社が他社との差別化を図るうえで欠かせない存在となっています。

MDC 女子部のホームページ

――MDC女子部にはどのような人がいるのですか。

プロデューサーであるわたし以外に、ディレクター、映像デザイナー、サウンドデザイナー、ライター、ヘアメイクなど、合計8人います。彼女たちは全員、フリーランスとして活動しています。

この業界では仕事ができる人ほどフリーランスとなるほうが収入を得られます。勤務者だと、40歳で年収は約400万円といわれていますが、フリーランスとなってバリバリと働くと、1000万円を超えることもあります。

もっとも、MDC女子部のメンバーは収入のためにフリーランスとなったわけではありません。「好きな仕事をずっと続けていたい」「自分がやりたい仕事を選びたい」といった思いから、フリーランスの道を選んでいます。

働ける時間に制約があることも、彼女たちがフリーランスとなっている理由の一つです。メンバーの4人は既婚者で、そのうち3人は子育て中です。独身のメンバーも親の介護をしていたり大学院に通っていたりします。仕事と生活を両立させるために働き方を工夫する必要があり、当社でも、そのサポートをしています。

支え合える関係をつくる

――どのようなサポートですか。

一人で活動するフリーランスだからこそ、メンバー同士が支え合い、仕事と生活のどちらかを犠牲にしないといけない状況をなくそうとしています。

例えば、子どもの発熱などで仕事の予定を延期したりキャンセルしたりすると、依頼主に迷惑をかけてしまいます。一度目は依頼主も理解を示してくれるかもしれませんが、たびたび続くと、安心して任せられない人と思われてしまい、仕事の依頼はこなくなります。フリーランスにとっては死活問題です。

そこでMDC女子部では、わたしがメンバーのスケジュールを把握し、仕事ができない状況が生じたときに、同じスキルをもったほかのメンバーに現場に行ってもらうなどのフォローをするわけです。また、打ち合わせの予定が入ったけれど、子どもを預ける先がない場合は、当社に子どもを連れてきて打ち合わせできるようにしています。もちろん、手の空いているメンバーに子どもの面倒をみてもらうこともできます。

――ＭＤＣ女子部に参加することで、フリーランスでも働きやすくなるわけですね。

この業界で女性が働き続ける難しさを感じたことが、ＭＤＣ女子部をつくろうと思った理由です。

子ども向けのテレビ番組をつくりたかったわたしは、短大を卒業した後、テレビ番組の制作会社に入社しました。職場は希望していたＮＨＫ教育テレビの現場です。スタッフは約１００人おり、７割は女性でした。

でも、なぜか子どもがいる女性はいませんでした。子ども向けの番組なのに育児経験のある女性がいなくて、大きな違和感を覚えましたが、理由はすぐにわかりました。仕事が忙しく、長時間労働や深夜労働は当たり前。休暇の取得もままならないため、結婚や出産のタイミングで、会社を辞めてしまうのです。

それでも、わたしは出産後も働き続けようと思いました。ずっとやりたかった仕事ですし、自分がつくった番組を子どもに見せたかったからです。でも、現場が忙しい状況は変わりません。１年間の予定で取った育児休業を、人手が足りないからと８カ月で切り上げることになり、長時間労働や深夜労働も以前のままでした。

そんなときに、ある企業から子ども向けの映像教材をつくる新事業に参加してほしいと言われました。働き方を変えられるかもしれないと思い転職しましたが、同じくらい忙しい職場でした。子どもが入院しても十分に休みを取れず、病室で映像のチェックや部下への指示をしなければならなかったほどです。

結局、義母を介護する必要がでてきたこともあり、転職して2年後の新事業の立ち上げが一段落したタイミングで退職しました。家族とのんびり過ごすつもりでいましたが、しばらくすると、映像をつくってほしいと声をかけられるようになり、2009年に当社を設立して創業しました。そして、せっかく自分で会社を経営するのなら、結婚や出産をした後も女性が働き続けられる環境の基盤を整えたいと思い、MDC女子部を立ち上げたのです。

——MDC女子部のメンバーはどのようにして集めたのですか。

長年、この業界で仕事をしていると、少ないながらも、女性で頑張っている人と知り合いになります。実力のある女性にはこちらから声をかけて参加してもらいました。また、MDC女子部を知った知人が、知り合いの女性を紹介してくれたこともありました。

女性が少ない業界なので、悩みを共有できる仲間がいるだけでも、メンバーにとっては心強いと思いますが、メンバー同士で支え合うためには、それぞれの状況を理解しておくことが重要です。そこで、SNSで常に情報を共有するとともに、3カ月ごとに食事会を開いています。皆さん忙しいので全員が集まることは少ないですが、顔を合わせて時間を共有する機会を設けることで、仕事だけではない関係を築けています。

働き方の当たり前を変えたい

――MDC女子部を立ち上げて反響はどうでしたか。

当初は、MDC女子部を通じてたくさん仕事ができたらいいね、と話していましたが、思っていた以上に仕事の依頼がありました。女性に受ける映像を制作できる同業者がいなかったからです。うれしい誤算でしたが、長時間労働をしなければ対応できないほどの依頼をいただきました。でも、仕事と生活を両立させるという目的が果たせなくなるのでは本末転倒です。無理をして新規の依頼主の仕事を受けることはやめて、継続的に依頼してくれるお客さまを優先して仕事量を調整しました。

仕事量が増えてもメンバーを増やせば、対応できるとは思いますが、やみくもに人手を増やして映像の質が下がっては意味がありません。MDC女子部へ参加したいという人がいる場合も、技術が十分でなければお断りしています。

こうしたMDC女子部の仕事のスタイルが広まるにつれて、同業者から働き方に関する相談を受けるようになりました。女性のみならず、男性からもです。女性は結婚や出産をしてからの働き方について不安を感じていることが多く、男性は労働時間が長すぎて育児や介護に参加できないことが悩みの種のようです。わたしのこれまでの経験やMDC女子部の取り組みを踏まえてアドバイスをしていますが、業界全体で働き方を変えていく努力も必要ではないかと感じているところです。

――具体的に取り組んでいることはあるのですか。

この業界で長時間労働がなくならないのは、クリエーティブな仕事だからだと思います。個人の

MDC 女子部のメンバーが参加する食事会

能力に依存するため、基本的には一人の担当者が最後まで責任をもって作業しますし、よくも悪くも成果物の出来栄えが個人の評価に直結します。手を抜くわけにはいかず、納得できるまで時間をかけて作業する人がほとんどなのです。

そこで、働き方を変えられないかと、いま試していることがあります。それは、働ける時間に制限があるメンバーの働き方についてです。彼女は、子どもを保育園に預けている午前9時から午後5時の間にしか働けません。彼女が担当になると、依頼主は納期までに仕事を完成させられるのか不安に感じてしまうでしょう。

その不安を取り除くために、ほかのメンバーをサブ担当とし、2人体制で仕事を進めることを事前にお客さまに伝えました。進捗管理はわたしが行い、必要に応じてフォローをしています。現在、彼女には、テレビ局がインターネットで配信する動画編集をメインに担当していますが、納期に遅れることはなくセンスも高いことから、お客さまも大変満足していただいています。

——御社の取り組みが業界の働き方に一石を投じているようですね。

MDC女子部の取り組みを通じて、小所帯の企業のほうが働きやすい環境をつくるのに適しているのではと考えるようになりました。規模が大きい企業は、営業と制作の担当者が分かれています。営業は取ってきた仕事の売り上げで評価されるため、制作担当者の負担を考えずに仕事を取ってくることがあります。わたしが最初の勤務先で育児休業を切り上げざるをえなかったのも、そのためでした。

一方、当社のように小さな企業は、営業と制作が同じ人であることがほとんどです。仮に担当が別々でも、小さい企業ならお互いの状況を把握しやすいのです。現在の仕事の状況に合わせて仕事量を調整できるでしょう。ＭＤＣ女子部の働き方が業界内での当たり前になれば、みんなが幸せになれると思っています。

取材メモ

ＭＤＣ女子部では、仕事量を調整してオーバーワークとならないようにするとともに、予定外のことが起きてもメンバー同士が支え合えるようにしている。だからこそ、メンバーの女性たちは、勤務時間などに制約があると働きづらい映像制作の業界にありながら仕事と生活を両立できている。

大澤さん自身も、子どもが熱を出したときには、別のメンバーに代わりに現場へ行ってもらったそうだ。そのときの「助けてもらった」という感謝の気持ちは、今も忘れていない。時を経て、子どもが中学生になった今では逆にメンバーを支える側となっている。

同社の社名はMedia Design Communicationの略で、コミュニケーションをもってさまざまなメディアを設計するという意味を込めたものだそうだ。MDC女子部の働き方の工夫は、まさに社名を体現しているといえるだろう。

小さな企業のほうが互いの状況を理解できるため、働く人たちが支え合う体制をつくりやすい。理想の働き方を実現するために始まったたった一社の取り組みでも、支え合いの輪が広がれば、業界の働き方は変わるかもしれない。

(高木 惇矢)

事例10　理想追求型

長時間労働を解消した移住という選択

㈱スマートデザインアソシエーション

代表取締役
須賀《すが》　大介《だいすけ》

[企業概要]

創　　業	2002年
資 本 金	1,800万円
従業者数	10人
事業内容	ウェブコンサルティング、移住サポート、シェアオフィス運営
所 在 地	福岡県福岡市西区今宿駅前1-15-18 2階
電話番号	092（517）4321
U R L	https://s-design.jp

㈱スマートデザインアソシエーションの社長である須賀大介さんは、東日本大震災をきっかけに、東京から福岡に移住した。ITの発達により場所に縛られない働き方ができるようになりつつあるが、会社の代表である社長の移住は、従業員のそれと比べると大きく事情が異なる。

東京で一定の顧客基盤を有していた須賀さんが、福岡への移住を決意した理由はどのようなものであったのか。話をうかがった。

慢性化していた長時間労働

──事業の内容を教えてください。

事業は大きく三つに分かれます。一つ目はウェブコンサルティングです。企画から開発、運用までワンストップで対応できる点が強みで、システム開発のほか、ウェブマーケティングやウェブサイト制作まで幅広く手がけています。なかでも好評なのが、ウェブサイト制作サービス「Ｗｅｂ小屋」です。ベーシックなウェブサイトを立ち上げた後でも、動画の掲載やＥＣサイトの構築などのオプションを簡単に追加できます。予算や必要性に応じてカスタマイズできるので、特に規模の小さな企業に人気です。

二つ目は移住サポート事業です。福岡に移住したい人や移住してきた人に向け、ウェブやＳＮＳ、東京オフィス内の相談窓口などで、移住に関する情報を発信しています。例えば、利用できる補助金や福岡の文化、歴史といった情報をはじめ、地元で人気の飲食店、実際に移住した人の体験談なども提供しています。このほか、自治体と連携して移住後の生活をイメージできるようにと企画した移住体験ツアーの運営、住まいの仲介や仕事の紹介なども行っています。

三つ目はシェアオフィス事業です。シェアオフィスとは、複数の入居者が一つのスペースを共有するオフィスです。安く借りられる、他の入居者と交流できるといった特長があり、創業したばかりの企業やクリエーターなどが主な入居者です。実は、この建物もシェアオフィスです。当社がビルを丸ごと安い賃料で借り、複数の方とシェアしています。建物を借りて運営するケース以外にも、他社が所有する物件のシェアオフィス運営を委託されるケースがあります。これら両方の形態で、福岡をはじめ全国12カ所で運営しています。

当社は東京で創業し、2012年に福岡に進出しましたが、移住サポート事業とシェアオフィス事業は福岡に来てから本格的に始めました。

シェアオフィスには事業者たちが集う

――もともと本社は東京とお聞きしました。東京から福岡へ進出した理由を教えてください。

福岡へ進出したのは、わたし自身の働き方を変えるためでした。東京時代は通勤時間が長かったうえに、朝早くから夜遅くまで働き、家には寝るためだけに帰る生活でした。土日も仕事に追われ、子どもと過ごす時間はまったくありませんでした。仕事中心の生活を変えたかったのです。

このような働き方になっていたのは、社長のわたしが営業して取ってきた仕事を従業員に任せる体制だったからです。さらに仕事は3次、4次の下請けが中心で、受注したときにすでに納期が差し迫っているものや開発が難航しているものばかりでした。従業員が長時間労働をして頑張っても納期には間に合いそうになく、わたしがフォローする必要があったのです。

このような状況から解放されるためには、下請けから脱却するしかない。元請けになれば、早い段階からプロジェクトに参画できる。そう考えて、大手携帯電話会社のウェブサービス開発のコンペに参加しました。その結果、企画から開発、運用まで当社だけでできる点が評価され、元請けになることができました。

しかし、現実はそう甘くはありませんでした。進捗管理を徹底するのですが、開発が予定どおりに進まず、遅れている開発のフォローが必要でした。やはり、元請け仕事にも課題はあったのです。従業員は自分の仕事で精いっぱいです。結局、わたしが作業せざるをえず、働き方は変わりませんでした。

移住を決断

――福岡に進出すれば、働き方を変えられそうだったのですか。

東京以外の地域でと、いくつかの地域を探しました。結果として福岡に決めた理由は、二つあります。一つは、飛行機を使えば東京まで約1時間半で行ける利便性。もう一つは、中心地から電車で30分移動するだけで海や山と触れ合える魅力的な環境でした。

特に、自然が身近にあることは、当時2歳だった息子の育児の観点からも理想的でした。ただ、福岡は旅行で行ったことがある程度で、縁もゆかりもありませんでした。

――移住をよく決断できましたね。

わたしよりも前に北海道や沖縄に移住した従業員がいて、その様子を見ていたから決断できました。
東日本大震災の後、複数の従業員が移住したいと言ってきました。業種柄、パソコンがあればオフィス以外でも仕事はできます。人手が足りない状態でしたから、移住を認めずに辞められるよりも、認めて引き続き働いてもらうほうがよいと考えました。独立の意向があった従業員には外注先として仕事を発注し、従業員のままでいたい人にはテレワークの体制を整備して、移住をサポートしました。
彼らに話を聞くと、自宅で仕事をするようになったことで、東京にいたときよりもワークライフバランスが改善され、生活は充実しているとのことでした。こうした従業員の前例があったので、わたし自身も移住すれば多忙な働き方を変えられると確信していました。それに、福岡にもオフィスがあれば、東京で災害が起きても事業を継続できるため、経営管理上の意味もあると考えました。

――営業担当の社長がいなくなるわけですから、東京に残る従業員は不安になりませんでしたか。

確かに従業員には無責任な行動に映ったかもしれません。仕事で困ったときにどうすればよいのか、社長が営業していた東京の顧客はどうするのかと、会社の将来に不安を感じた従業員も多かったです。

そこで、半年かけて何度も話し合いました。移住は働き方を見直すためのもので、従業員もテレワークを活用して好きな場所で働けること、出産、育児、介護など家庭の事情に応じて働けること、そして、災害に対するリスク管理の観点から東京と別の拠点を設けたいことを説明しました。

また、従業員の自立的な働き方を促すために、利益の半分の使い道について従業員自身の裁量で決められるようにしました。顧客を獲得するための広告宣伝に充ててもよいですし、新たな自社サービスを開発するために使ってもかまいません。割り当てられた仕事を漫然とこなすのではなく、必要であれば自分たちで新たな仕事をつくり出せる体制にしたのです。

しかし、移住を受け入れられない従業員や、新たな体制に不満を感じた従業員は辞めていきました。残ってくれたのは、わたしと同じように働き方を改善したいと考えていた従業員たちでした。

福岡のために何ができるか

——賛同を得た従業員の方々とスタートを切ったのですね。

2012年8月についに福岡に移住しました。東京で営業できなくて減少する売り上げは、福岡の新規先でカバーしようと思っていたのですが、福岡での営業はうまくいきませんでした。

東京では企画内容や技術力で競争できました。一方、福岡では人のつながりから生まれる信用が同じくらいに重要だったのです。いくら営業回りをしても福岡での信用がなく、仕事を取ることができませんでした。この状況に、残ってくれていた従業員も転職したり独立したりして、ピーク時に40人いた従業員は実に2人にまで減ってしまいました。

危機感ばかりが募るなか、あるとき営業で訪れた広告代理店で「福岡のために何ができるかを考えたほうがいい」と言われました。困り果てているわたしを見かねて、信用を得るためのアドバイスをしてくれたのだと思います。わたしは、仕事を通じて福岡のためにできることを考え始めました。

――考えてみてどうでしたか。

答えはすぐには出ませんでした。ただ、東京から移住してきたという話を伝え聞いた福岡市から頼まれて、移住支援のイベントで体験談を話す機会がありました。せっかくだからと、東京の知人に案内してSNSで広めてもらったところ、定員60人のところ300人も集まるイベントとなりました。

市の担当者から感謝されるとともに、福岡に人を呼び込む活動をする方々との交流が生まれました。イベントの成功を受け、評判が広がったからでしょうか、営業先でも声をかけてもらえるようになりました。これまでになかったことです。そのうち、少しずつではありましたが、本業の受注も増えていきました。今振り返ると、イベントで人を集めたことが福岡のためになっていたのかもしれません。

この経験から、福岡のためにできることは必ずしもウェブコンサルティングの仕事でなくてもよいと気がつきました。そこで始めたのが、移住サポートとシェアオフィスだったのです。

移住サポートは、イベントの成功体験が大きく影響しました。地元出身者だけで取り組むと、その地域の良さを押しつけるものになりがちです。移住者が一緒になれば、地元の方には気づけない移住者の視点が入ります。そこで当社は、福岡へ移住した方々を従業員に採用し、本当に必要な情報や支援は何かを常に考えながら取り組んでいます。

実は人員が減ったことから、東京オフィスの一部をシェアオフィスとして貸し出していました。福岡でも始めたのは、移住して事業をしたい人のためです。シェアオフィスを活用すれば、費用を抑えられます。そして何よりも、わたしが移住当初に苦労した、人とのつながりをつくる場となります。移住を促して終わりではなく、定着まで支援したいのです。

――移住の目的だった働き方はどう変わりましたか。

自宅がオフィスの隣なので、家族と触れ合う時間が増えました。子どもと一緒に釣りをしたり、週末はキャンプをしたりと自然を満喫しています。家族も移住して良かったと喜んでくれています。

従業員の働き方も変わりました。移住を機にテレワークの体制を整えたことで、仕事の状況をオンライン上で共有するようになり、突然の休暇取得でもフォローしやすくなりました。お互いの状況を理解して、遠慮なく休みが取れる雰囲気とするために、可能な限りプライベートな事情も共有し、月に1回、全員参加の合宿も行っています。また、テレワークは自分自身で仕事を管理する必要があります。従業員には自立的に仕事をする習慣がついているので、指示がなくても次々に新しい企画を出してきます。今は福岡に8人、東京に2人の体制で皆がテレワークを活用しています。

働き方を改善できたのは、通勤時間の削減に加え、移住サポートとシェアオフィス運営の立ち上げにより相対的にウェブコンサルティング売上の比率が下がったこともあります。ウェブコンサルティングは納期に追われ、長時間労働になりがちです。売り上げを増やすためには営業にも力を入れなければなりません。一方、移住サポートは納期に追われることは少ないですし、シェアオフィス運営は軌道に乗れば、人手をかけずに安定した収入が見込めます。移住前と比べ従業者1人当たりの売り上げは1・5倍に増え、給与は地域の水準より高くなっています。

2016年、わたしは本社を福岡に移しました。名実ともに地元の一員になろうと考えたからです。「福岡のために何ができるか」と自問してから4年が経過していました。福岡なら仕事も生活も充実させることができる。この魅力を多くの人に届け、移住する人を増やしたい。これが問いかけに対するわたしなりの答えです。

取材メモ

福岡へ移住して間もないころ、ウェブコンサルティングの営業がうまくいかずに業績が落ち込むなか、移住支援のイベントを手伝うことを決めた須賀さんを、経理担当の奥さんは怒ったそうだ。そんな時間があるのなら、もっと営業を頑張るべきではないかと思ったからだという。

ただ、このおかげで同社は福岡での基盤を確立できたといえる。信用を得るための「福岡のためにできること」に気づくことができたからだ。このことが働き方を大きく改善する一因となる移住サポートとシェアオフィスへとつながっていった。

同社のように負担の少ない事業を推進することも、働き方を変えるうえでは有効な手段となるだろう。そして、それを決断できるのは、理想と異なる働き方を真に変えたいと考えている経営者だけである。

（友山 慧太）

事例11　理想追求型

従業員の成長が生み出す価値

㈱パルサー

代表取締役社長

阿部《あべ》　章《あきら》

［企業概要］

創　　業	1989年
資 本 金	1,000万円
従業者数	16人（うちパート４人）
事業内容	自動券売機や自動販売機などの販売・レンタル・メンテナンス
所 在 地	宮城県仙台市泉区南中山4-3-16
電話番号	022（346）7511
U　R　L	http://plsr.jp

自動券売機や自動販売機などの販売とレンタル、メンテナンスを手がける㈱パルサー。券売機の盤面に写真やポップを載せる写真ポップ付き券売機が評判で、売り上げは年々増加している。しかし、同社の成長は商品の魅力によるものだけではない。学ぶことが好きだという社長の阿部章さんが、従業員の成長に力を入れていることも、大きな理由である。

券売機の工夫で顧客をつかむ

——事業の概要を教えてください。

飲食店や商業施設などで使用される自動券売機や自動販売機の販売とレンタルを行っています。取引先の数は６００社近く、多くは飲食店です。顧客の要望に基づいてカスタマイズしていることが特徴です。店舗の雰囲気や商品などに合わせてオリジナルのデザインにしたりボタンを大きくして押しやすくしたりするなどのアレンジが可能です。

なかでも好評なのは写真ポップ付き券売機です。盤面に料理の写真や説明を加えたポップを載せるもので、文字だけの券売機より商品を選びやすくなります。セットメニューや季節メニューなどお薦めの商品を視覚的に訴えることで売り上げの増加も期待できます。あるラーメン店では、丼

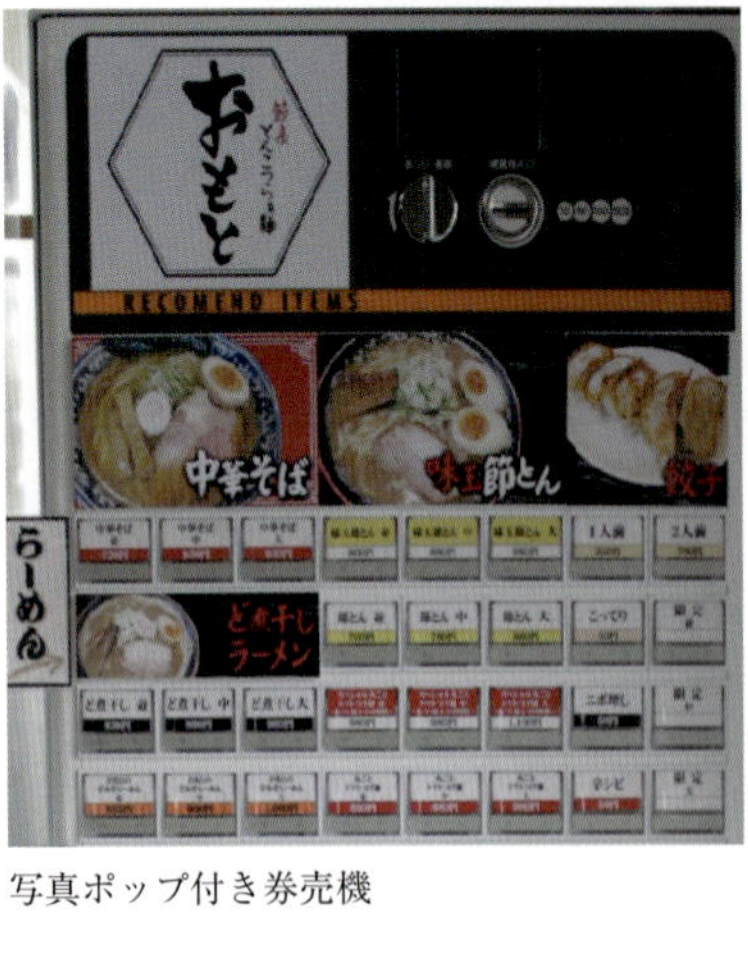

写真ポップ付き券売機

とのセットメニューの写真を掲示したところ、内容がわかってお得感が伝わり、導入前に比べて年商が100万円ほど増加したそうです。

――創業当初から券売機のカスタマイズをされていたのですか。

カスタマイズは2007年にわたしが入社してから取り組んだものです。当社はわたしの父が1989年に大手メーカーの販売代理店として創業し、販売とメンテナンスを手がけていました。社員食堂や学生食堂を運営する会社との取引が売り上げの7割を占め、メンテナンスの仕事が定期的にあることから、父一人の会社でしたが業況は安定していました。

ところが、2007年に父が脳梗塞のため半身不随に。会話も不自由になってしまいます。当時、パワーエレクトロニクス関連の研究開発を支援するベンチャー企業でセールスエンジニアをしていたわたしは、会社を承継するか畳むか悩みました。もともといつかは創業したいと考えていました。ベンチャー企業に就職したのも、社長の近くで経営を学ぶためです。ただ、父が倒れた今、経営者として歩み始めるタイミングかもしれないと思いました。父が築いた取引先との信頼関係もあるはずです。わたしは会社を継ぐことにしました。

意を決して入社したものの、二つの問題に直面しました。一つは代理店契約を結んでいたメーカーにあいさつに行ったときに、自動券売機の事業は撤退が決まっていると聞かされたことです。これから撤退するメーカーの機械を販売することはできません。新たな仕入れ先を確保する必要に迫られました。何とか確保したメーカーは直販もしていたため、卸売りの当社では価格競争で負けてしまいます。それでも購入してもらうための工夫をしなければいけませんでした。

もう一つは、1年目の売り上げが前年度から大幅に落ち込んだことです。売り上げの7割を占める取引先が2006年に倒産していたことが理由でした。父から何も聞けない状況で承継し、顧客とのやりとりを記録したものもなかったため、事前に知ることができなかったのです。

――経営環境が大きく変わっていたわけですね。

2004年に紙幣が刷新され、新紙幣対応機の導入による更新需要が先食いされていたことも、売り上げが減少した一因でした。当社ならではの価値を提供して売り上げを伸ばそうと、券売機のレンタルなどさまざまな取り組みを始めました。

券売機のカスタマイズもそうしたなかから生まれたものです。着想のヒントとなったのはよく行くパン屋さんの店主の話でした。その店は、午前やお昼の時間帯は総菜パンを、午後は菓子パンを、来店者の目に留まりやすい場所に置いています。時間帯によって配置を変え、需要が見込める商品を手に取ってもらいやすくしているというのです。

券売機の場合、時間帯によってボタンの配置を変えるのは手間がかかり現実的ではありません。しかし、目に留まりやすくする工夫ならできます。ボタンを大きくしたり写真を載せたり、いろいろとアイデアを盛り込みました。当時、券売機をカスタマイズする同業者はなく、当社の製品は評判となりました。約1000万円だった年商は3年後には2000万円にまで伸びました。引き合いが日に日に増え、わたしだけでは対応できなくなったため、2011年に初めて従業員を雇うことにしました。

共に学び評価し合う

――採用活動はうまくいきましたか。

このときはデザイナーを募集しました。素人のわたしが見よう見まねでデザインや写真撮影をするよりも、専門家に任せたほうが質は高いですからね。ハローワークに求人票を出したところ、わたしの書いていたブログの内容に興味をもったという人を採用できました。

わたしは学ぶことが好きで、時間を見つけては本を読んだり外部の勉強会に参加したりしています。ブログにはそこで得た気づきや学びを書いていました。例えば、理想の会社とは社員が夢を語れ実現できる会社で、そのためには社長や従業員が学び成長しなければいけないといったことなどです。こうした記事を見て、経営をしっかり考えていそうな社長の下なら成長できると思ってくれたようです。

思惑どおり、デザイナーが制作するポップやデザインは評判となりました。問い合わせがさらに増加したことから、2012年に営業担当の従業員を1人採用しました。

——少しずつ会社が成長していったわけですね。

年々業績は良くなりましたが、漠然とした不安はありました。券売機のカスタマイズは他社でも対応しようと思えばできます。簡単にはまねされない強みが必要ではないか。そう考え、従業員の育成に力を入れることにしました。

理想の会社を実現したいという思いもありますが、目的はお客さまが抱えるさまざまな問題にアドバイスできるようになることです。券売機を求めるのは新しく店を始めるからという理由が多く、当社のお客さまは経営に不慣れな方が少なくありません。ただ券売機を販売するのではなく、相談にも乗ることでお客さまから頼られる存在になれると思ったのです。

従業員を育成する仕組みを整え、さまざまな取り組みを始めました。朝礼では、日々の業務で気がついたことなどをテーマにスピーチしてもらいます。週に1回の勉強会では、雑誌の企業事例や経営者のインタビュー記事を読んでグループディスカッションを行い、発表します。さらに、整理、整頓、清掃の3Sの推進や生産性の向上を目指す委員会活動などにも取り組んでいます。

――盛りだくさんな内容ですね。

取り組みについていくるだけでも大変でしょうから、従業員をフォローする体制を整えています。毎月、外部の人事コンサルタントを交えて従業員と面談しています。業績目標の進捗状況を確認するとともに、それぞれが抱える悩みを聞き、一緒に解決策を考えるのです。

また、人事評価の基準を従業員に公開し、どのようなことを身につければよいかを明確にしています。評価する内容は、仕事の能力と心の能力の二つです。仕事の能力は、専門知識と技能、問題解決力、プレゼンテーション能力など6項目、心の能力は、チャレンジする、プロを目指す、信頼関係をつくるといった5項目です。どちらか一方でも評価が低いと給与は上がりませんが、頑張ればどれだけ上がるかがわかるように給与テーブルも公開しているので、スキルアップへの動機づけはできていると思います。なお、評価方法は、同僚の良いところを学んでほしいと思い、360度評価を採用しています。他の従業員を評価する機会をつくることで、その人の長所に改めて気づけるからです。

こうした取り組みは、小さい企業だからこそやりやすいのだと思います。会社が求める人材像をわたしの口から従業員へ直接伝えられます。従業員の成長が会社の成長に目に見えて直結するため、従業員にとっても学び続ける意欲が生まれます。

成長を続けられるように

――育成や評価にかなりの時間をかけているようですね。

その分、お客さまへの対応やデザインの制作といった仕事をする時間が減ってしまいます。人数の少ない当社にとって負担は大きく、目先の利益を考えるなら、時間をかけないほうがよいかもしれません。

しかし、成果は出ています。従業員はお客さまにさまざまなアドバイスができるようになりました。販促物を使った新規顧客の獲得方法や客単価を上げるメニュー構成など、抱えている悩みに対し最適な解決策を提案しています。お客さまから2店舗目の出店の相談を受けたり、創業を考えている従業員や友人を紹介してくれたりすることが増え、新たな受注につながっています。

一方、常に成長を求められる環境になじめず、辞めてしまう従業員がいました。時間をかけて育成や評価に取り組んでも、辞められると無駄になってしまいます。そこで、２０１５年から従業員の定着に向けた取り組みを始めました。

――どのような取り組みですか。

以前は、人手を確保しなければという思いが強く、仕事への意欲を感じられれば、すぐに採用していました。社風に合う人かどうかを十分に検討していないことが離職してしまう原因と考え、人事コンサルタントと相談して採用方法を改めました。

まず、求人用のホームページで育成や評価の仕組みを紹介するとともに、「従業員が切磋《せっさ》琢磨《たくま》し、日々成長を実感できている」といった従業員の声を掲載しました。当社の雰囲気や働き方などをしっかりと伝え、共感した人に応募してもらうためです。

続いて、適性検査を取り入れました。もっとも、導入した当初は検査結果を見ても当社に合う人かどうかわかりませんでした。そこで、既存の従業員にも同じ検査を受けてもらい、その結果に似た傾向をもつ人を採用しました。すでに活躍している従業員と似ているなら大丈夫だろうと判断したのです。

――成果はありましたか。

こうした工夫は思っていた以上に効果がありました。離職する従業員は大幅に減り、それまで3、4人だった従業員数は1年で10人にまで増えました。定着が期待できるようになったため、2016年からは新卒採用にも取り組んでいます。

知名度のない小企業が新卒者を採用するのは難しいと聞きますが、成長できる環境にあることや奨学金手当を設けたことなどを武器に、うまく学生にアピールできています。奨学金手当とは、学生時代の奨学金を返済する従業員に月2万円を支給するものです。給与の水準がどうしても低くなる入社直後でも、返済に困ることがないようにと始めました。

従業員は増加しており、現在は15人います。年商は2億2000万円に達しました。従業員の育成に力を入れ、お客さまからの相談に十分に対応できるようになった結果だと思います。ただし、従業員の成長は一定の水準にまで達するとその後は伸び悩むことが多いです。会社が整えた仕組みに沿うだけの育成方法に限界を感じ、もっと自発的に成長してもらいたいと考えて、1人年間10万円まで支給する自己啓発手当を用意しました。資格の取得やビジネススクールへの通学などで、現在3人が利用しています。また、2019年2月に東京に支店を開設しました。飲食店の競争が激しい首都圏での仕事は、従業員の意欲とさらなる成長を引き出してくれると思っています。

取材メモ

「入社するまで券売機の中身を触ったことはありませんでした」。阿部さんは顧客に迷惑はかけられないと、入社後は毎日のように券売機を分解して独学で扱い方を身につけたという。

できることが増えていく喜び、そして顧客からもらう感謝の言葉。課題が山積みのなか後を継いだ阿部さんが、これらを糧に頑張ってきたことは想像に難くない。成長して得られるものを身をもって体験したからこそ、従業員の育成に力を入れて取り組むことができるのだろう。

従業員の育成に悩んでいる小企業の経営者は少なくない。阿部さんも、加盟している宮城県中小企業家同友会のメンバーから、育成や評価の仕組みについてよく尋ねられるそうだ。しかし、仕組みだけまねても効果は見込めないだろう。目指すべき理想をもち、それを実現しようとする情熱が不可欠であることを、理想を追求し続ける同社の姿から学ぶことができる。

（高木　惇矢）

事例12　理想追求型

企業と主婦の出会いをプロデュース

NPO法人ママワーク研究所

理事長
田中《たなか》　彩《あや》

[企業概要]

創　　業	2012年
従業者数	7人（うちパート6人）
事業内容	女性の復職支援
所 在 地	福岡県福岡市中央区西公園1-9
電話番号	092（732）7663
U　R　L	https://www.mamawork.net

経済成長の推進役として、ベンチャー企業に大きな期待が寄せられている。しかし、知名度が低いベンチャー企業が人材を確保するのは難しく、人材不足がネックとなって思うような成長を果たせないことがある。NPO法人ママワーク研究所の理事長である田中彩さんは、ベンチャー企業のように人材確保に苦労している企業は主婦を採用すべきだという。どういうことなのか、田中さんに話をうかがった。

ママドラフト会議でマッチング

——事業の内容を教えてください。

ベンチャー企業や地域の中堅企業など人材を確保して成長につなげたい企業と再就職したい主婦のマッチングを支援しています。

なかでもベンチャー企業のように成長期にある企業は、本業だけでなく経理や庶務などのバックオフィス業務の仕事量も増えてきます。経営者だけでは管理しきれなくなり、バックオフィス業務を任せられる人材が必要になります。しかし、専任者をフルタイムで雇うほどではありません。パートやアルバイトを雇えばよいのではと思われるかもしれませんが、忙しい経営者には逐一指示を出す余裕はないのです。主体的に働き、時間が余ったときには、積極的にほかの業務を手伝える、相応のスキルをもった人材を求めます。ただし、なかなかそうはいきません。

一方、多くの主婦は働いた経験があります。なかにはバリバリと働きキャリアを積み重ねていきたかったけれど、結婚や出産で仕事を辞めざるをえなかったという人もいます。短時間勤務やテレワークなどで育児と両立ができるのであれば、就職したいという人は少なくありません。

こうしてみると、人材を能力本位で採用し、柔軟な働き方を提供できる企業は、新たなキャリアを築きたいという強い思いをもった主婦の再就職先としてうってつけだと思いませんか。にもかかわらず、育児と両立できる仕事はそもそもないと思い込み、就職活動をしていない主婦は多い。企業もそうした主婦にアプローチできない。これまでなかなか出会えなかった両者を引き合わせようというのが、当法人の仕事の一つなのです。

──どのように両者をマッチングするのですか。

企業と主婦が一堂に会する場を提供します。題して、ママドラフト会議です。再就職を考えている主婦が約30社の企業を前にして、5分間の発表で自分をPRするものです。

登壇する主婦は公募します。集まったなかから5～6人を事務局で選考して決めます。質問されたことに答えていく一般的な採用面接とは異なり、主婦は自分を自由にアピールできます。経歴から始まり、何ができるか、何をやりたいか、どのように働きたいのかを語りますが、そのぶん事前の準備が重要になります。事務局では研修を行い、今までのキャリアを整理し、どのような仕事をしてきたのか、何ができるのかなど強みを洗い出すためのサポートをしています。

発表を聞いた企業は、興味をもった主婦に対して、「いいね！」の札をあげます。この札自体は、応援の意を表すもので、即「採用」ではありません。ですが、会議後に行われる交流会で双方の希望を擦り合わせ、具体的な就労条件が決まっていくこともあります。まさにドラフト会議なのです。

また個別のマッチングだけでなく、いいね！の数と発表の内容を総合してグランプリを決定しています。イベント性を高めることで、会議がメディアなどで広く取り上げられることにつながっています。

白熱するママドラフト会議

主婦がママドラフト会議へ参加するのは事前の研修も含めて無料です。企業は、2018年度の時点では1社当たり5000円で審査員として参加できます。もちろん会議後の交流会にも出られます。

意欲はあっても就職活動をしない主婦

——どうしてこのような事業をしようと思ったのですか。

わたし自身の再就職がうまくいかなかった経験からです。

わたしは、東京の大学を卒業した後、生まれ故郷の福岡の出版会社に入りました。その後、佐賀のベンチャー企業に総務担当として入社しました。まさに成長期の企業だったので、実力を試したいと飛び込んだのです。

自治体への助成金の申請やモデル事業への参入のスキームをつくり上げるなどの働きぶりが認められ、入社後1年も経たずに26歳で総務部長に登用されました。総務部長は人事、労務、庶務などのバックオフィス業務の責任者です。就業規則を作成したり、新入社員の研修マニュアルをつくったりと、忙しいながらも充実した日々を送っていました。

ちょうどこの時期に学生時代に知り合った夫と結婚しました。当時、夫は東京勤務だったので、週末に佐賀と東京を行き来する状態でしたが、第一子の出産までは、仕事を続けました。出産後は仕事を辞めて夫のいる東京に行き、育児をしながら社会保険労務士や産業カウンセラーなどの資格を取りました。再就職を考えていたからです。

そして、子どもが2歳になったときに東京で短時間勤務が可能な企業に再就職しました。子どもを保育園に預け、毎日片道2時間、満員電車に揺られて通勤しました。ただ、実際に短時間勤務を利用していたのはわたしだけでした。みんなが忙しそうに残業するなか自分だけ先に帰ります。わたしは本当に会社に貢献できているのかと悩むうちに体調を崩してしまいました。そして、わずか10カ月で退職したのです。

その後、二人目の子どもを出産し、夫の転職を機に地元の福岡へ戻りました。しばらくして何かできないかと思い、産後の主婦向けにバランスボールを使って健康増進を図るサークルを立ち上げました。参加している主婦と話をしていると、結婚や出産、育児で会社を辞めたけれど育児と両立できる仕事があれば、再就職したいという人が思いのほかたくさんいることに気づきました。そこで、サークルのメンバーをはじめとする主婦２００人以上にアンケートをとってみました。

――どうしてそのようなことをしたのですか。

なぜ働けないのかを分析したデータには、やむなく仕事を辞めた人たちが再び働けるようになるヒントがあるのではないかと考えたからです。アンケート結果からは、出産や育児、配偶者の転勤を機に仕事を辞めていること、辞める前の勤続年数は5~10年であること、育児との両立が難しいと思い込み、具体的な就職活動をしていない主婦が大勢いることがわかりました。

これをみて、再就職したい主婦の支援のために起業しようと思い、iSB公共未来塾という社会起業家を養成するためのビジネススクールに通いました。収集したデータを活かして事業計画書を作成し、iSB公共未来塾が主催するビジネスプランコンペに参加すると、ファイナリストに選ばれ創業資金を得ることができました。その資金を元手に当法人を立ち上げ、活動を始めました。

――設立当初からママドラフト会議を開催していたのですか。

いいえ、当初は主婦や経営者の意識改革のための仕事が中心でした。

主婦に対しては、再就職のためにまずは行動しましょうとセミナーへの参加を促しました。開催したのは、退職後のブランクを埋めることを目的とした、ワードやエクセルなどのビジネススキルを向上させるセミナーや、スピーチ、ライティングといったスキルを磨くためのセミナーです。

企業に対しては、アンケート結果を示して、受け入れ態勢を整えれば労働市場には出てこない優秀な人材を採用できると、採用に関するセミナーを通じてアピールしました。しかし、主婦を採用しようという企業はほとんどありませんでした。受け入れ態勢を整えるのは手間がかかります。そうまでして就労条件に制限のある人材を採用したいとは思わなかったからでしょう。そこで、目をつけたのがベンチャー企業をはじめとした成長に人材確保が追いついていない企業でした。

わたしもベンチャー企業で働いていたときは、必要な人材の採用に苦労しました。優秀な人材を採用できるのなら喜んで受け入れ態勢を整えたと思います。こうしたベンチャー企業での経験と再就職がうまくいかなかった経験があったからこそ、たどり着いた結論でした。こうして、成長途上の企業と主婦をマッチングする仕組みとして、ママドラフト会議のアイデアを思いついたのです。

優秀な人材もキャリアも諦めさせない

――企業と主婦をただ結びつけるだけでは、ミスマッチが生じると思います。どのように防ぐのですか。

ミスマッチはお互いのことをよくわかっていないから生じます。ママドラフト会議は、実際の発表や交流会での振る舞いなどを通じて能力や人となりを把握して採用を検討できます。そのため採用後のミスマッチを避けられます。また、どのような人を採用するかがわかれば、その人に合わせて働き方の制度を整えられます。採用に当たり、月に3回だけの勤務を認めた企業や、短時間勤務の制度を創設した企業があります。

一方、主婦に対しては、ボランチになれる人が求められていると教えています。ボランチとは、サッカーで試合のかじ取りをする選手のことです。自分の担当業務だけでなく、会社がうまく回っていくように、ほかの業務にも目を配ってほしいからです。わたしには無理と言う人が多いですが、「家庭では皆さんがボランチです」と説明すると納得してくれます。

このようにしてミスマッチを防いでいるので、企業からは「バックオフィス業務を一手に担ってくれて本業に集中できるようになった」「採用には散々苦労したけれどママドラフト会議で優秀な人材に出会うことができた」などの声をいただいています。

主婦も自分に合った働き方ができるので、満足度は高いです。また、実力のある人の場合、一般の求人ではなかなかない重要なポストに就くことがあります。再就職したある主婦は、新規事業の責任者として働いており、新たなキャリアを築くことができると意気込んでいます。

――ママドラフト会議に出られない人は再就職できないのですか。

会議後の交流会には登壇した主婦以外も参加できます。当法人のセミナーを受講した主婦には案内を送っており、働きたい企業があれば直接アピールすることができます。

当法人でも人手が必要なときに働いてもらっています。パートとしてイベントの企画業務をテレワークで行ってもらうほか、1日だけでも働ける「ママオフィス」を開いています。これは当法人が請け負ったダイレクトメールの発送作業などをするもので、オフィスに子どもを連れてきて働けます。

このように、当法人でも働ける場を提供することで、再就職してバリバリ働きたい人から、まずは不定期で少しずつ働きたいという人まで幅広く対応しています。

——今後の展望を教えてください。

これまでママドラフト会議は福岡で8回、東京で2回開催しました。うちの地域でも開催してくれないかと、多くの自治体や企業から声をかけていただいています。

回を重ねるごとにメディアに取り上げられることも増えました。するとそれを見た、当法人の取り組みに賛同してくれる企業が、ママドラフト会議に協賛してくれるようになりました。ほかの地域にも広げていき、今後も人手不足に悩む企業と優秀な主婦との橋渡しをしていきたいです。

再就職したいと少しでも思っている主婦にはぜひ、ママドラフト会議に参加してほしいです。会議の当日だけを見るとすごい人ばかりに見えますが、皆さんもともとは普通の主婦です。目標をもってトレーニングをすれば、誰でもママドラフト会議に登壇でき、新たなキャリアを築けるでしょう。大事なのは、一歩前に踏み出すことです。

取材メモ

「ママドラフト会議に参加していなかったら、今のわたしはいません」。再就職を果たした主婦が、田中さんに感謝の気持ちを伝えた言葉だ。このように、企業と主婦のマッチングという唯一無二の取り組みは、主婦の生き方を大きく変える可能性を秘めている。

出産後の再就職がうまくいかなかった田中さんは、自分のような人を増やしたくないという思いで、それぞれの主婦の理想の働き方の実現をサポートするママワーク研究所を立ち上げた。田中さんの取り組みが全国に広がれば、人材確保に苦労する企業とキャリアの充実に悩む主婦はなくなるかもしれない。

企業は人材がいないと諦める前に、主婦は柔軟な働き方が難しいと諦める前に、一歩踏み出してみてはどうか。ママドラフト会議は、その背中を押してくれる。

（友山 慧太）

第Ⅲ部　データ編

企業規模別にみた就業者の仕事への満足度（注1）

1

女性や高齢者を雇用する小企業

日本は人口減少社会を迎え、生産年齢人口の減少による経済成長の停滞が懸念されている。対応策として労働生産性や労働参加率の向上などが求められており、そのなかでも、女性や高齢者の労働参加については、阿部・山本編（２０１８）や鶴（２０１６）などが指摘するように、大きな期待が寄せられている。

ただし、女性や高齢者は、従来の主要な労働の担い手であった男性の現役世代とは異なる就業ニーズをもつと考えられる。多くの企業が提供している働き方とのミスマッチが懸念され、その労働力を十分に活用できない可能性がある。中小企業庁（２０１８）では、総務省「平成28年労働力調査」を再分析し、仕事を探しているものの就業していない完全失業者の、仕事に就けない理由を年齢別に確認している。最も割合が高い理由となっているのは、35～44歳、45～54歳の女性は「勤務時間・休日などが希望とあわない」で、55～64歳、65歳以上の女性および60～64歳、65歳以上の高齢者は「求人の年齢と自分の年齢とがあわない」である。仕事に就きたいけれど仕事を探していない人はどうだろうか。中小企業庁（２０１８）では同様に、仕事を探していない理由を年齢別に確認している。結果をみてみると、45～54歳、55～64歳、65歳以上の女性および60～64歳、65歳以上の高齢者では「適当な仕事がありそうにない」という理由の割合が最も高い。25～34歳、35～44歳の女性においても「適当な仕事がありそうにない」は、「出産・育児のため」に次いで割合が高い。さらに「適当な仕事がありそうにない」についての内訳をみていくと、「勤務時間・賃金などが希望にあう仕事がありそうにない」や「近くに仕事がありそうにない」が、主要なものとなっている。

現在、政府が働き方改革に取り組んでいるのは、こうした働き方のミスマッチにより就業できていない人が存在する現状を踏まえ、子育て期の女性や定年退職後の高齢者をはじめとする多様な人材が、個々の事情に応じた柔軟な働き方を選択可能な社会にするためである。

もっとも、女性や高齢者がまったく就業できていないというわけではない。すでに就業している女性や高齢者は存在している。どのような企業で就業しているかを総務省「2018年労働力調査」により確認すると、従業者数が1～29人の小企業（注2）が受け皿となっていることがわかる。就業者に占める女性の割合を就業先の従業者規模別にみると、規模が小さい企業ほど割合が高く、1000人以上の企業の41・7％に対し、1～29人の企業は47・4％である（表Ⅰ-1）。5歳ごとの年齢階層に分けてみても、1～29人の企業は20～24歳か

表－１　年齢別・就業先の従業者規模別にみた女性割合（非農林業雇用者）

（単位：％）

	1～29人	30～99人	100～499人	500～999人	1,000人以上	官公庁	全　体
全　体	47.4	46.4	45.0	44.3	41.7	43.6	45.0
15～19歳	51.7	53.8	52.9	50.0	51.4	33.3	51.4
20～24歳	52.6	52.3	50.0	51.4	45.4	41.4	49.2
25～29歳	48.4	48.0	46.2	47.5	44.1	42.6	46.1
30～34歳	46.7	44.3	44.4	45.2	41.5	42.3	44.0
35～39歳	46.5	46.2	44.0	43.2	40.0	43.1	43.7
40～44歳	48.9	46.8	45.0	43.4	40.0	47.7	45.3
45～49歳	48.9	47.7	45.0	41.8	41.6	47.8	45.8
50～54歳	50.3	48.4	47.4	46.7	40.5	44.4	45.9
55～59歳	49.3	48.2	44.1	40.5	40.2	42.6	44.7
60～64歳	44.8	43.2	42.3	35.7	39.0	40.0	42.5
65歳以上	42.1	40.6	39.1	38.5	43.6	31.8	41.2

資料：総務省「労働力調査」（2018年）
（注）50％以上を濃い網掛け、45％以上50％未満を薄い網掛けにしている。

ら60～64歳までの年齢層において最も割合が高い。また、いわゆるM字カーブ（女性の労働力率が出産・育児をする年齢層で低下し、育児が一段落する年齢層で再び上昇する現象で、グラフにするとMの字のような曲線になる）の底に当たる30～34歳、35～39歳の年齢でも、1～29人の企業は45％を超える値を維持しており、ほかの規模の企業より落ち込みが小さい。

高齢者についてみると、60～64歳の就業者のうち、1～29人の企業で働いている割合は30・5％、同じく65歳以上では46・5％である（表－2）。ほかの年齢層は概ね20％台であり、その

表－2　年齢別にみた就業先の従業者規模別構成比（非農林業雇用者）

（単位：％）

	1～29人	30～99人	100～499人	500～999人	1,000人以上	官公庁	規模不詳	合　計
全　体	26.2	15.2	18.6	7.0	23.1	8.6	1.3	100.0
15～19歳	26.6	11.9	15.6	7.3	32.1	2.8	3.7	100.0
20～24歳	22.2	14.9	18.8	8.0	27.2	6.6	2.5	100.0
25～29歳	18.5	14.6	20.6	7.8	26.5	10.5	1.6	100.0
30～34歳	21.8	14.4	19.6	7.6	25.8	9.5	1.1	100.0
35～39歳	24.1	15.2	19.4	7.4	24.3	8.5	1.2	100.0
40～44歳	25.1	15.0	19.3	7.3	23.4	9.0	1.2	100.0
45～49歳	24.9	14.7	18.6	7.3	24.5	8.9	1.2	100.0
50～54歳	24.0	14.3	18.2	7.1	25.5	9.9	0.9	100.0
55～59歳	25.0	15.0	18.5	6.7	23.0	11.1	0.9	100.0
60～64歳	30.5	16.8	17.7	6.4	18.6	9.1	0.9	100.0
65歳以上	46.5	18.0	15.5	4.6	9.8	3.9	1.6	100.0

資料：総務省「労働力調査」（2018年）
（注）30％以上を濃い網掛け、20％以上30％未満を薄い網掛けにしている。

割合は高い。

このように小企業は女性や高齢者の雇用の受け皿として重要な存在であることがうかがえる。しかし、それが小企業以外では就業がかなわないために、やむなく働き方とのミスマッチを受け入れて就業している結果であったとしたら、彼女や彼らは必ずしも幸せとはいえまい。

就業先としての小企業を正しく評価するためには、雇用の量的な面だけではなく、就業者が仕事に満足しているのか、満足しているとすれば、どのような点に満足しているのか、といった雇用の質の面についても明らかにしなければならないだろう。

そこで第Ⅲ部では、就業者を就業先の企業規模によって三つに分類し、それぞれのグループの仕事への満足度について、データを使って分析する。構成は以下のとおりである。次の第2節は、仕事への満足度や小企業での就業に関する先行研究を確認する。続く第3節は、分析で使用するデータを紹介したうえで、クロス集計の結果をもとに企業規模別に就業者の属性や仕事の状況などをみる。そして第4節では、仕事への満足度に影響を及ぼす要因を計量分析により探り、その結果から読み取れる小企業における就業の特徴を説明する。最後の第5節は、まとめである。分析の結果を踏まえて、小企業が提供している働き方はどのように評価できるかを示す。

2 満足度に関する先行研究

第Ⅲ部では、就業者が感じる仕事に対する満足度が分析の中心になる。そこで、分析に先立ち、これまでの研究で、仕事への満足度についてどのように述べられているか、また、小企業における就業の特徴および仕事への満足度に関して、どのようなことが明らかになっているか、確認しておこう。

(1) 仕事への満足度

まずは仕事への満足度である。就業者が仕事のどのような点に満足を感じるかについての研究は数多いが、ここでは二つの理論を紹介したい。

一つは、フレデリック・ハーズバーグが提唱した動機づけ・衛生理論である。これは、満足をもたらす要因（動機づけ要因）と、不満をもたらす要因（衛生要因）は異なるというものだ（ハーズバーグ、１９６６）。前者は、達成、承認、仕事そのもの、責任、昇進といった就業者が行う仕事に関係し、個人的な成長に関する欲求を満たすものであるため、満足をもたらす。対して後者は、会社の政策と経営、監督、対人関係、作業条件、給与といった就業者が仕事を行う周囲の状況に関係し、不快を回避したいという欲求にかかるものであるため、満たされないことで不満が生まれる。そして、満足をもたらす要因と不満をもたらす要因は、両極的ではなく単極的なものであるという。すなわち、満足をもたらす要因が満たされないからといって不満を感じるわけではなく、不満をもたらす要因が解消されたからといって満足を感じるわけではないのである。

もう一つは、エドガー・シャインのキャリア・アンカーである。シャイン（1990）によると、就業者は自身のキャリア選択に当たり、絶対に譲れない自己イメージ（船のいかりになぞらえてキャリア・アンカーという）をもっている。このキャリア・アンカーには、八つのカテゴリー、すなわち①専門・職能別コンピタンス、②全般管理コンピタンス、③自律・独立、④保障・安定、⑤起業家的創造性、⑥奉仕・社会貢献、⑦純粋な挑戦、⑧生活様式（生き方全般のバランスと調和）があり、自身のキャリア・アンカーと一致しない仕事に従事する場合、幸せを感じることはないという。したがって、たとえ同じ仕事に従事していたとしても、就業者のキャリア・アンカーが違えば、その仕事に対する受け止め方は違ってくる。

例えば、管理職として部下をまとめ、組織目標の達成を目指すマネジメントの仕事は、責任ある立場での組織運営や意思決定の仕事を望む②全般管理コンピタンスのキャリア・アンカーをもつ人にとっては大いに満足できるものであるが、①専門・職能別コンピタンスのキャリア・アンカーをもち、特定の仕事の専門性を高めて、その能力の発揮を強く求める人にとっては、逆に不満に感じるものとなるだろう。また、いわゆる日本型雇用システムのように、雇用の安定と引き換えに、遅くまで残業したり頻繁に転勤したりしなければいけない仕事は、④保障・安定のキャリア・アンカーをもつ人は受け入れられるが、⑧生活様式（生き方全般のバランスと調和）のキャリア・アンカーをもつ人は耐えられないだろう。何に満足を感じるか、あるいは不満を感じるかは、人によって異なる可能性がある。

(2) 小企業での就業

続いて、小企業での就業に関する研究をみてみよう。竹内（２００８）は、小企業での就業について、正社員の給与や賞与はより規模の大きな企業と比べて少ないが、一般に就業「弱者」と位置づけられる人にとっては、必ずしも条件の悪い職場ではないと述べている。例えば、定年制度がない企業の割合が高く、求人の少ない高齢者に多くの雇用機会を提供しており、賃金体系も能力給や職務給であることから、能力さえあれば賃金は下がらないという。また、非正社員に関しては、専門・技術職として働く人が多く、時給はより大きな企業を上回る場合がある一方、労働時間はより大きな企業よりも短い人が多く、自身の都合（育児や介護など）に合わせた働き方が可能であるという。

小企業で働く女性に焦点を当てた深沼・藤井（２０１１）は、小企業は女性の多様な就業ニーズの受け皿になっていることを示している。そして、受け皿となれる理由として、二つの柔軟性（採用や人材評価の柔軟性、就業ニーズへの対応の柔軟性）と二つの近接性（経営者と従業員の近接性、職場と住居の近接性）という小企業ならではの特徴を挙げている。

三輪（２０１１）は、若年女性のキャリアの観点から小企業での就業を分析し、いくつかの知見を得ている。小企業での勤務経験は小企業に再就職する際に評価され、正社員としてキャリアの再出発を図りやすいことや、社会的ネットワーク（家族や友人とのネットワーク）を活用して、求職者は自分に適した職場かどうかを、企業はポストに見合う人かどうかを、事前に把握するため、就業や採用の満足度が高いことなどである。また、労働市場において大企業などと比べて不利であることが、かえって小企業の働きやすい職場環境づくりにつながっていると推察している。

これらの研究からうかがえる小企業での就業は、悪い面ばかりではなく、ある面においてはほかの規模の企業より優れているといえるものだ。男性正社員の仕事への満足度を分析した太田（２０１３）でも、そうした点が確認できる。太田（２０１３）は、仕事や働き方に関するさまざまな項目についての満足度を企業規模別にみている。雇用保障のように規模が小さい企業ほど満足度が直線的に下がる項目がある一方、労働時間のように１～５人の企業のほうが高い満足を示す項目や、昇進のチャンスのように規模による違いがない項目があることが示されている。加えて、30～99人の企業規模で最も満足度が小さくなる項目が多い点から、満足度に対する企業規模の効果はJ字型の様相を呈していると述べている。

3 就業者や仕事の状況

先行研究を概観すると、小企業の就業環境は働く人を満足させているといえそうだ。しかし、ハーズバーグの動機づけ・衛生理論とシャインのキャリア・アンカーの理論を踏まえると、個人の就業ニーズは多様であり、ある人にとっては満足をもたらす要因が、ほかの人にとっては不満をもたらす要因になる可能性は否定できない。

満足度に関するアンケートは、「満足」の対極に置く選択肢を「満足していない」あるいは「不満」として満足度を測定することが多い。そのため、そのデータをそのまま利用して分析すると、不満に関する要因を把握できない、把握できたとしても、満足をもたらす要因と不満を解消する要因を同じものとして捉えてしまう、といった問題が生じる。そこで、満足をもたらす要因と不満を解消する要因は異なるものである可能性を念頭に置いたうえで、企業規模ごとの仕事への満足度に関する分析を行っていきたい。より具体的には、満足の対極の選択肢を不満としているアンケートのデータを利用し、満足に及ぼす影響と不満に及ぼす影響のそれぞれを同時に計測できる手法を用いて分析する。

(1) 使用するデータと分析対象

分析で使用するのは、連合総合生活開発研究所が就業者を対象に年2回実施している「勤労者の仕事と暮らしについてのアンケート」（以下、勤労者短観）のうち、第21回調査（2011年4月）から第34回調査（2017年10月）まで14回の調査のデータである。インターネットによるWEBモニター調査で、サンプルサイズは各回2000で計2万8000になる。調査の対象になっているのは、首都圏（埼玉県、千葉県、東京都、神奈川県）および関西圏（滋賀県、京都府、大阪府、兵庫県、奈良県、和歌山県）に居住する20歳代から60歳代前半の民間企業に雇用されている人である。勤め先の従業員規模の分布は表1-3のとおりで、このうち、勤め先の従業員規模が明確な2万5154件を三つのカテゴリーに分類して分析の対象とする。カテゴリーの一つ目は29人以下の小企業、二つ目は30～

表－３　勤め先の従業員規模の分布と分析対象

① 従業員規模の分布

（単位：％）

	度　数	構成比
9人以下	2,615	9.3
10～29人	3,000	10.7
30～99人	4,159	14.9
100～299人	3,678	13.1
300～499人	1,678	6.0
500～999人	1,981	7.1
1,000～2,999人	2,583	9.2
3,000人以上	5,460	19.5
わからない	2,846	10.2
合　計	28,000	100.0

② 分析対象

（単位：％）

	度　数	構成比
小 企 業（29人以下）	5,615	22.3
中小企業（30～299人）	7,837	31.2
大 企 業（300人以上）	11,702	46.5
合　計	25,154	100.0

資料：連合総合生活開発研究所「勤労者の仕事と暮らしについてのアンケート」（2011年４月～2017年10月）を二次分析したもの（以下、同じ）

２９９人の中小企業、三つ目は３００人以上の大企業である。

(2) 小企業の特徴

満足度に関する分析を行う前に、小企業の就業者や仕事の状況に関する特徴を確認しておこう。表－４は企業規模ごとに就業者の属性を集計した結果である。

性別をみると、小企業の女性の割合は54・3％で、中小企業の41・6％、大企業の33・7％と比べて高い。年齢については、どの年齢層においても規模による大きな違いはなさそうである。平均年齢も小企業は41・8歳、中小企業は41・1歳、大企業は41・3歳であった。最終学歴は規模が

表－4　就業者の属性

（単位：%）

		小企業	中小企業	大企業	全　体
性　別	男　性	45.7	58.4	66.3	59.2
	女　性	54.3	41.6	33.7	40.8
年　齢	20歳代	19.5	20.5	20.7	20.4
	30歳代	25.8	28.8	26.6	27.1
	40歳代	26.2	24.4	25.3	25.3
	50歳代	20.5	18.1	20.9	20.0
	60歳代前半	8.0	8.0	6.4	7.3
最終学歴	中学校	2.7	1.4	0.6	1.3
	高　校	31.2	25.7	17.9	23.3
	専修・各種学校	15.3	13.2	7.8	11.2
	短大・高専	13.5	10.2	8.8	10.3
	四年制大学	35.1	45.8	55.3	47.8
	大学院	2.2	3.8	9.6	6.1

（注）最も割合が高いものを濃い網掛け、次に割合が高いものを薄い網掛けにしている（以下、表－6まで同じ）。

小さい企業ほど、四年制大学と大学院の割合が低い。

続いて、仕事の状況に関する項目を企業規模ごとにみたものが表－5である。

就業形態は、いずれの規模でも正社員の割合が最も高い。ただし、小企業の正社員の割合は61・1%で、中小企業の69・7%、大企業の76・5%より低い。代わりに小企業では、パートタイマーやアルバイトの割合が相対的に高くなっている。

1週間当たりの実労働時間をみると、小企業はほかの規模の企業と比べて、20時間未満、20～30時間未満の割合が高く、40～50時間未満、50～60時間未満、

表－５　仕事の状況

（単位：％）

		小企業	中小企業	大企業	全　体
就業形態	正社員	61.1	69.7	76.5	70.9
	パートタイマー	22.3	14.1	8.5	13.3
	アルバイト	11.2	5.7	3.0	5.7
	契約社員	3.5	6.8	7.6	6.4
	派遣労働者	1.8	3.4	3.9	3.3
	嘱　託	0.2	0.4	0.6	0.4
１週間当たりの実労働時間	20時間未満	16.0	9.0	6.5	9.4
	20～30時間未満	14.2	9.3	7.3	9.5
	30～40時間未満	21.1	21.6	20.0	20.8
	40～50時間未満	32.4	40.7	44.5	40.6
	50～60時間未満	8.7	10.6	12.5	11.1
	60時間以上	7.5	8.7	9.1	8.6
過去１年間の賃金年収（税込）	200万円未満	38.3	24.0	14.8	22.9
	200万～400万円未満	38.6	38.2	27.3	33.2
	400万～600万円未満	17.2	24.5	25.1	23.2
	600万～800万円未満	4.2	9.0	16.3	11.3
	800万円以上	1.6	4.3	16.5	9.4
仕事の特徴	仕事に働きがいを感じている	46.9	46.4	49.4	47.9
	自分の能力・専門性を十分に活かせている	43.8	43.3	47.1	45.2
	職業能力やキャリアを高めるための機会や支援がある	19.0	24.7	36.6	29.0
	一定の責任・裁量を与えられている	52.0	49.4	55.2	52.7
	家計をまかなえる賃金・処遇条件である	33.1	40.6	51.5	44.0
	賃金・処遇が適切で納得性がある	33.6	30.8	38.5	35.0
	肉体的疲労は感じない	41.7	37.4	40.7	39.9
	精神的に過度なストレスがない	34.2	30.0	31.1	31.5
	職場の人間関係がよい	54.4	50.1	55.1	53.4
	仕事と生活のバランスが適度にとれている	51.6	46.9	50.7	49.7

（注）仕事の特徴は「当てはまる」「どちらかというと当てはまる」と回答した割合。

60時間以上の割合が低い。パートタイマーやアルバイトの割合が高いために労働時間が短いように思われるが、正社員に限って集計しても、小企業では20～30時間未満、30～40時間未満の割合が高かった。小企業の就業者の労働時間は相対的に短いといえる。

過去1年間の賃金年収（税込）については、小企業は200万円未満の割合が高い一方、400万～600万円未満、600万～800万円未満、800万円以上の割合は低い。労働時間と同様に正社員に限って集計しても、この傾向は変わらず、ほかの企業と比べて小企業の就業者は年収が低いようである。

仕事の特徴は、アンケートで尋ねている10項目に対して「当てはまる」「どちらかというと当てはまる」と回答した割合を示している（注3）。企業規模による違いがあるものを挙げると、まず、「職業能力やキャリアを高めるための機会や支援がある」と「家計をまかなえる賃金・処遇条件である」の割合は、規模が小さい企業ほど低くなっている。他方、「精神的に過度なストレスがない」は、小企業は中小企業や大企業と比べて高い。また、大企業と同じ、あるいは低い水準だが、中小企業より高い項目として、「一定の責任・裁量を与えられている」「賃金・処遇が適切で納得性がある」「肉体的疲労は感じない」「職場の人間関係がよい」「仕事と生活のバランスが適度にとれている」がある。小企業が最も割合が低い項

表－6　仕事への満足度

（単位：％）

		小企業	中小企業	大企業	全　体
仕事への満足度	かなり不満	10.0	11.0	9.6	10.1
	やや不満	16.5	19.4	18.0	18.1
	どちらともいえない	37.6	37.2	35.6	36.6
	やや満足	29.0	28.2	31.1	29.7
	かなり満足	6.9	4.3	5.6	5.5

目はあるものの、そうでない項目も多い。仕事の特徴をみる限り、小企業における就業環境は決して中小企業や大企業に劣るものではないといえそうだ。

なお、表には掲載していないが、勤め先の業種と職種について触れておくと、中小企業や大企業と比べて小企業のほうが割合が高い業種は、建設業、卸売・小売業、医療・福祉、サービス業などである。逆に、製造業、情報通信業、運輸業、金融・保険業は、中小企業や大企業のほうが高い割合となっている。職種については、小企業は事務職、サービス職の割合が中小企業や大企業より高く、管理職、専門・技術職の割合は低い。

最後に、企業規模別の仕事への満足度を表－6よりみてみよう。小企業は「かなり満足」が6・9％、「やや満足」が29・0％で、合わせて35・9％の就業者が満足していると回答している。中小企業はそれぞれ4・3％、28・2％で合計32・4％、大企業はそれぞれ5・6％、31・1％で合計36・7％である。小企業だからといって満足度が低いわけではないようである。

4 満足や不満をもたらす要因

仕事の状況は企業規模による差異があったが、仕事への満足度について明確な違いは確認できなかった。仮にすべての就業者が同じ要素に満足を感じるとしたら、仕事の状況の差異は、そのまま満足度の違いとして表れてもおかしくない。小企業で働く人は、満足を感じる点がほかの企業で働く人と異なると考えられるのではないだろうか。計量分析により、小企業の就業者が満足や不満を感じる要因を探っていこう。

(1) 分析方法と変数

計量分析とは、さまざまな要素があって表面的にはよくわからない事象について、統計的な分析手法を用いて、本質的な法則性・関係性・因果性を浮き彫りにしようとするものである（山本、２０１５）。ここで実施する満足度に関する分析でいえば、仕事への満足度についてのデータが、よくわからなくて明らかにしたい事象となり、この仕事への満足度に対して、就業者の属性と仕事の状況のデータが、どのように関係しているかを分析することになる。仕事への満足度は説明される変数であるため被説明変数、就業者の属性と仕事の状況は被説明変数を説明する変数であるため、説明変数という。

使用する分析手法は順序プロビットモデルと多項プロビットモデルという二つのモデルである。以下では、これらのモデルと被説明変数および説明変数についての説明が続くため、関心のない方は、次項の「分析結果」（237ページ）まで読み飛ばしていただいて構わない。

被説明変数である仕事への満足度は、アンケートで、「かなり満足」「やや満足」「どちらともいえない」「やや不満」「かなり不満」の5段階の選択肢で回答してもらっている。

まず、順序プロビットモデルによる分析の際は、「かなり満足」に5、「やや満足」に4、「どちらともいえない」に3、「やや不満」に2、「かなり不満」に1をそれぞれ割り当てている。順序プロビットモデルは、仕事への満足度の変数を順序尺度（データの値の大小関係にのみ意味がある尺度）として扱い、説明変数が仕事への満足度の水準に及ぼす影響を分析するものである。値が大きいほど満足度が高くなるようにデータを扱うことで、説明変数が被説明変数に対してプラスに作用する（被説明変数の値を大きくする）のなら満足度の水準を高める要因、逆にマイナスに作用する（被説明変数の値を小さくする）のなら満足度の水準を低める要因と、直感的に解釈できるようにする。

次に、多項プロビットモデルによる分析の際は、「かなり不満」と「やや不満」をまとめて「不満」に、「かなり満足」と「やや満足」をまとめて「満足」にしている。多項プロビットモデルは、仕事への満足度の変数を順序のない名義尺度として扱い、基準となる参照カテゴリーと比べて、被説明変数のうちのあるカテゴリーが説明変数の影響によってどれくらい選択されやすくなるか、あるいは選択されにくくなるかを、分析するものである。つまり、仕事への満足度を「不満」「満足」「どちらともいえない」の三つのカテゴリーとし、「どちらともいえない」を参照カテゴリーにした分析を行うことで、「不満」が選ばれやすくなる要因や選ばれにくくなる要因、「満足」が選ばれやすくなる要因や選ばれにくくなる要因を探ることができる。

また、いずれの分析手法においても、分析対象をすべて含めた分析と、小企業、中小企業、大企業それぞれの就業者だけでの分析を実施する。

説明変数は、すでに述べたように就業者の属性と仕事の状況に関するデータである。就業者の属性に関するデータは、前掲表-4で確認した項目である。性別は女性を1、男性を0

とするダミー変数、年齢は年齢そのものを変数とする1乗項と年齢を2乗した2乗項、学歴は大学・大学院を1、それ以外を0とするダミー変数としている。年齢の2乗項を説明変数に加えているのは、年齢によって仕事への満足度に対する影響の程度が変わってくる可能性があるためである。

仕事の状況に関するデータは、前掲表I－5で確認した項目である。就業形態は正社員を参照変数とするダミー変数、1週間当たりの実労働時間は20時間未満を参照変数とするダミー変数、過去1年間の賃金年収（税込）は200万円未満を参照変数とするダミー変数である。仕事の特徴に関する変数はそれぞれの項目について「当てはまる」「どちらかというと当てはまる」を1、それ以外を0とするダミー変数である。また、分析対象をすべて含めた分析では、小企業を参照変数とする企業規模のダミー変数を加えている。

なお、勤め先の業種と就業者の職種は仕事への満足度に対して影響を及ぼす可能性があるため、これらのデータをコントロール変数として分析に含め、その影響を除いている。

(2) 分析結果

以上の内容で順序プロビットモデルと多項プロビットモデルによる分析を行った結果を整

理すると、表－7のとおりになった。全体は分析対象をすべて含めて分析した結果、小企業、中小企業、大企業はそれぞれの企業規模の就業者だけで分析した結果である。また、それぞれの分析対象における「水準」の列は、順序プロビットモデルにおいて、5段階で評価した仕事への満足度の水準が、各説明変数によって高くなるか、低くなるかを示すものである。「不満」と「満足」の列は、多項プロビットモデルにおいて、どちらともいえないと比較して、各説明変数によって不満あるいは満足に、なりやすいか、なりにくいかを示すものである。「－」はマイナスの影響があることを、「＋」はプラスの影響があることを示しており、符号の数は統計的に影響がある（影響が偶然に生じているとは考えにくい）とみなせる有意水準（三つは1％、二つは5％、一つは10％）を示している。

この表－7で特に着目したいのは、不満に及ぼす影響の有無と満足に及ぼす影響の有無を示す不満と満足の列である。水準の列で示される満足度全体に及ぼす影響を、不満と満足のそれぞれの影響に分解したものともいえる。満足度の分析においてよく用いられている順序プロビットモデルでは把握できないもので、多項プロビットモデルによる分析から明らかになったものである。

それでは、仕事への満足度に影響を及ぼしている要因をみていこう。

表－7　仕事への満足度に影響を及ぼす要因

		全体 水準	全体 不満	全体 満足	小企業 水準	小企業 不満	小企業 満足	中小企業 水準	中小企業 不満	中小企業 満足	大企業 水準	大企業 不満	大企業 満足
勤め先の従業員規模（参照変数：小企業）	中小企業	---	---										
	大企業	---	---										
女性ダミー		+++	---	+++	+++		+++		---	+++	+++	-	+++
年齢１乗項		---		---				---		---	---		---
年齢２乗項		+++		+++				++		+++	+++		+++
大学・大学院ダミー				---			--			-			
就業形態（参照変数：正社員）	パートタイマー	+++	++		++						+++	+	
	アルバイト												
	契約社員			+									++
	派遣労働者			+++				++		++			++
	嘱　託						-						
１週間当たりの実労働時間（参照変数：20時間未満）	20～30時間未満							+					
	30～40時間未満	++									+		
	40～50時間未満												
	50～60時間未満	---	---		-	---	+		--		--	-	
	60時間以上	---	---		--	---		---	---		-		
過去１年間の賃金年収（税込）（参照変数：200万円未満）	200万～400万円未満	--	--	-				--	---		-		
	400万～600万円未満			-		+							
	600万～800万円未満	+++	+++			+					+++	++	
	800万円以上	+++	+++		+++		++	+++			+++	+++	
仕事の特徴	仕事に働きがいを感じている	+++	+++	+++	+++	+++	+++	+++	+++	+++	+++	+++	+++
	自分の能力・専門性を十分に活かせている	+++	+++	+++	+++	++	+++	+++	+++	+++	+++	+++	+++
	職業能力やキャリアを高めるための機会や支援がある	+++	+++	+++	++	++		+++	+++		+++	++	+++
	一定の責任・裁量を与えられている		---	+++		---	++		--	++		--	+++
	家計をまかなえる賃金・処遇条件である											--	
	賃金・処遇が適切で納得性がある	+++	+++	+++	+++	+++	+++	+++	+++	+++	+++	+++	+++
	肉体的疲労は感じない	--	---				+	--	--		--	---	
	精神的に過度なストレスがない	+++	+++	+++	+++	+	+++	+++	+++	+++	+++	+++	+++
	職場の人間関係がよい	+++	+++	+++	+++	+++	+++	+++	+++	+++	+++	+++	+++
	仕事と生活のバランスが適度にとれている	+++	+++	+++	+++	+++	+++	+++	+++	+++	+++	+++	+++

（注）「水準」の列は順序プロビットモデルの結果、「不満」と「満足」の列は、多項プロビットモデルの結果である。また、－はマイナスの影響を、＋はプラスの影響を示し、符号の数は有意水準（三つは１％、二つは５％、一つは10%）を示す。

勤め先の従業員規模をみると、中小企業、大企業ともに、水準と不満でマイナスの影響がある。小企業と比較して規模が大きい企業の就業者は不満を感じやすく、満足度の水準を低下させるという結果である。この理由としては、小企業における通勤時間の短さが考えられる。勤労者短観においては、第22回（2011年10月）調査と第31回（2016年4月）調査で、1日のうちの通勤にかかる時間を尋ねている。平均値を計算すると、小企業は64・4分、中小企業は80・9分、大企業は97・2分と、規模が小さい企業ほど短い。

そこで、通勤時間を説明変数に加えた分析を実施してみた。ただし、利用できるデータは第22回（2011年10月）調査と第31回（2016年4月）調査に限られる。小企業の就業者を対象にした多項プロビット分析については、サンプルサイズが小さく分析が収束しなかったため、コントロール変数として設定した勤め先の業種と就業者の職種を除いて分析した。その点に留意する必要はあるものの、分析の結果は、従業員規模は、仕事への満足度に対して影響がないというものであった。そして、新たに説明変数に加えた通勤時間は、全体と小企業を対象にした分析で、通勤時間が長いほど不満を感じやすくなり、満足度の水準を下げるという結果であった。これは、逆にいえば、短いほど不満を感じにくくなるということである。小企業の就業者は通勤時間が短いために不満を感じない人が多く、逆に中小企業や大企業のほうが相対的に不満を感じやすいのだろう。

女性ダミーをみると、水準と満足でプラスの影響となっており、女性は男性より満足しているといえる。しかし、中小企業と大企業では不満に感じやすいという傾向も確認でき、その結果として、全体の分析でも不満を感じやすくなっていることがわかる。小企業以外で不満を感じる理由としては、女性であることで、昇進の可能性が低くなったり、意欲や能力に見合った仕事ができなかったりすることなどが考えられる。能力があるにもかかわらず、組織内で昇進できないことを意味するガラスの天井や、仕事と育児を両立できるものの、仕事内容は責任や負担の軽いものとなり、昇進が難しくなるマミートラックといった言葉から、仕事に対して不満を感じる女性がいることがうかがえる。

年齢については、小企業以外の水準と満足で、1乗項がマイナスの影響、2乗項がプラスの影響になっている。これは、仕事への満足度に対する影響が、線形ではなく非線形のU字型である、つまり、若年層と高齢層で満足になりやすいという傾向を示すものである。ただし、小企業の就業者においては、年齢による満足度への影響はみられないようである。

大学・大学院ダミーでは、小企業の満足と中小企業の満足でマイナスの影響になっており、全体の満足でもマイナスの影響が出ている。大学や大学院の卒業者は、規模が小さい企業での就業は、不満を感じるわけではないが、満足を感じにくいという結果である。

就業形態に関しては、パートタイマーでの就業は正社員と比べて、小企業と大企業で満足度の水準を高める傾向があるようだ。都合に合わせて働く日数や時間を柔軟に設定できるためだろう。また、契約社員は大企業で、派遣労働者は中小企業と大企業で、満足に感じやすいという結果になっている。

1週間当たりの実労働時間をみると、50~60時間未満と60時間以上で、マイナスの影響が確認できる。ただし、影響が生じているのは、ほとんどが満足度の水準や不満をもたらす要因としてである。労働時間が長いと不満をもたらし、満足度の水準を低下させるが、逆に労働時間が短いからといって、満足を感じるわけではないといえるだろう。なお、大企業では不満との関係が相対的に弱いようである。もともとほかの規模の企業と比べて労働時間が長く、長時間の労働でもそれほど不満に思わない人がいることがうかがえる。

過去1年間の賃金年収（税込）については、800万円以上と600万~800万円未満でプラスの影響になっているものが多い。しかし、満足をもたらす要因として影響があるのは、小企業の800万円以上のみである。小企業で年収が800万円以上である割合はわずか1・6％（前掲表1-5）で、例外的なケースと考えられる。ハーズバーグ（1966）で給与は不満をもたらす要因とされているとおり、年収が高いと不満は解消されて満足度の水準は高まるが、必ずしも満足を生み出すとはいえないようである。また、200万～400万円未満は小企業以外ではマイナスの影響がみられるのに対し、小企業では影響は確認できない。さらに、小企業では400万～600万円未満でも不満を感じにくくなっている。小企業の就業者は、ほかの企業規模の就業者と比べて、相対的に年収が低くても不満に思わない傾向があるように思われる。

もっとも、小企業は年収の水準が中小企業や大企業と比べて低かった。賃金に対する満足度の感じ方は、金額そのものの絶対的な水準だけではなく、特定の基準（参照点）と比べて高いか低いかによっても変わってくる（佐野・大竹、2007）。同僚や同じ規模の企業で働く友人・知人の収入を、就業者が満足度を判断する際の基準にしていれば、小企業の就業者は参照点が低くなるために、中小企業や大企業と比べて低い年収であっても不満に思わない可能性がある。

そこで、年収を同規模内での相対的な年収水準に変換した分析を行ってみた。相対的な年収水準は、同規模における累積相対度数、すなわち、その就業者が下位から何％の位置にいるかを示したものである。小企業の就業者を対象に行った分析の結果は、不満と水準で1乗項がマイナス、２乗項がプラスのＵ字型の影響となっており、年収が相対的に低い層や高い層は不満を感じにくくなることが確認できた。小企業の就業者において中小企業や大企業より低い年収で不満が解消されるのは、やはり、参照点になっている年収が低いことが理由として考えられる。

なお、年収を同規模内での相対的な年収水準に変換した同様の分析を、中小企業と大企業の就業者に対して行ったところ、不満と水準の結果は、大企業の不満の１乗項で影響を確認できなかったほかは、小企業の分析結果と同じであった。ただし、満足の結果については、影響がみられなかった小企業とは違って、中小企業、大企業ともに１乗項がマイナス、２乗項がプラスになっている。中小企業と大企業は、他者と比較した年収水準が満足を感じさせるものになるのに対し、小企業はそうではないという結果であり、小企業の就業者と中小企業や大企業の就業者では、収入に対する考え方が異なることがうかがえる。

最後に、仕事の特徴が及ぼす影響を確認すると、「仕事に働きがいを感じている」や「自分の能力・専門性を十分に活かせている」など、多くの項目がどの企業規模においても不満の解消と満足の向上に影響し、満足度の水準を高めている。しかし、そうでない項目もいくつかみられる。「職業能力やキャリアを高めるための機会や支援がある」は、小企業と中小企業では満足を感じさせる要因にはなっていない。「一定の責任・裁量を与えられている」に関しては、満足をもたらす要因であるが、同時に不満をもたらす要因でもあるようだ。これは、就業者のキャリア・アンカーが何であるかによって、責任・裁量のある仕事についての受け止め方が異なってくるからだろう。「肉体的疲労は感じない」は、中小企業と大企業では不満をもたらす要因になっているが、小企業では満足を感じさせる要因になっている。中小企業と大企業は小企業と比較して労働時間が長い傾向にある。労働時間が長いにもかかわらず、肉体的疲労を感じないのは閑職にいるためとも推測され、不満の要因になるのではないだろうか。「家計をまかなえる賃金・処遇条件である」は、大企業で不満をもたらす要因になっているものの、それ以外では影響はないという結果であり、満足度との関連は薄いといえる。

5 就業先としての小企業の評価

ここまで、小企業における雇用の質の面について明らかにしようと、就業者を就業先の企業規模によって三つのグループに分類し、仕事への満足度に関する分析を行ってきた。順序プロビットモデルと多項プロビットモデルの二つの手法で分析した結果をもとに、小企業の就業者の満足度に関する特徴を整理すると、以下の点が指摘できる。

第1に、小企業での勤務は、不満を感じにくいという点で、より規模の大きい企業と比べて異なる。その理由としては通勤時間の短さが考えられる。

第2に、一般的に女性は男性より仕事に満足しているが、中小企業や大企業では男性より不満に感じる女性もおり、二極化の傾向がみられる。しかし、小企業においては、女性だからといって不満に感じることはない。

第3に、小企業では年齢が若いほど、あるいは高いほど満足を感じやすい中小企業や大企業と異なり、年齢による満足度の違いはみられない。

第4に、小企業では中小企業や大企業より低い年収で不満が解消される可能性や、年収が満足を感じる要因とならない可能性を指摘できる。総じて、小企業の就業者は年収に対するこだわりが少ないといえる。

第5に、仕事の特徴に関しては中小企業や大企業と共通する点が多いが、「職業能力やキャリアを高めるための機会や支援がある」と「肉体的疲労は感じない」に対しての感じ方については、小企業の就業者はほかの企業より満足や不満の要因にはなりにくい。
こうした特徴をもとに就業先としての小企業を評価すると、自宅の近くで働きたい、性別に関係なく自分の能力やスキルを発揮したい、年齢に左右されない働き方をしたいといった就業ニーズをかなえてくれる存在であるといえる。これらは中小企業や大企業では満たされにくい面がある。給与水準は中小企業や大企業と比べて低いかもしれないが、給与よりもこうした特定の就業ニーズを優先したいという就業者にとっては、小企業での就業は満足できるものとなるはずだ。小企業の就業者は雇用の質について十分に満足しており、決して本来の希望とミスマッチがあるにもかかわらず、それを甘んじて受け入れて働いているわけではないと考えられる。小企業は就業者のニーズに応える形で多様な働き方ができる職場を提供していると評価することができるだろう。

（井上 考二）

〈注〉

1 本稿は、井上考二「小企業の就業者が満足や不満を感じる要因」東京大学社会科学研究所附属社会調査・データアーカイブ研究センター『2018年度参加者公募型二次分析研

究会　勤労者の仕事と暮らしに関する二次分析：データから見た２００７年〜２０１７年研究成果報告書』（２０１９年３月）の内容を修正・再構成したものである。

２　データの制約等から、小企業および後述する中小企業や大企業の定義は中小企業基本法における企業規模の定義とは異なる。

３　各項目の選択肢は、「当てはまる」「どちらかというと当てはまる」「どちらかというと当てはまらない」「当てはまらない」「わからない」の五つである。

〈謝辞〉

二次分析に当たり、東京大学社会科学研究所附属社会調査・データアーカイブ研究センターＳＳＪデータアーカイブから「勤労者の仕事と暮らしに関する二次分析：データから見た２００７年〜２０１７年」（連合総合生活開発研究所）の個票データの提供を受けました。ここに記して感謝申し上げます。

〈参考文献〉

阿部正浩・山本勲編（２０１８）『多様化する日本人の働き方――非正規・女性・高齢者の活

躍の場を探る』慶應義塾大学出版会
太田聰一（２０１３）「企業規模と仕事の満足度――格差と類似性」日本政策金融公庫総合研究所『日本政策金融公庫論集』第19号、35－61頁
佐野晋平・大竹文雄（２００７）「労働と幸福度」労働政策研究・研修機構『日本労働研究雑誌』Ｎｏ・５５８、４－18頁
シャイン・エドガー（１９９０）『キャリア・アンカー――自分のほんとうの価値を発見しよう』金井壽宏訳、白桃書房
竹内英二（２００８）「小企業における雇用の実態」国民生活金融公庫総合研究所『調査季報』第86号、１－18頁
中小企業庁（２０１８）『２０１８年版中小企業白書』日経印刷
鶴光太郎（２０１６）『人材覚醒経済』日本経済新聞出版社
ハーズバーグ・フレデリック（１９６６）『仕事と人間性――動機づけ――衛生理論の新展開』北野利信訳、東洋経済新報社
深沼光・藤井辰紀（２０１１）「小企業における女性就労の実態」日本政策金融公庫総合研究所『日本政策金融公庫論集』第12号、19－40頁

三輪哲（2011）「女性のキャリア移動における小企業の意味」日本政策金融公庫総合研究所『日本政策金融公庫論集』第10号、59－87頁
山本勲（2015）『実証分析のための計量経済学――正しい手法と結果の読み方』中央経済社

多様性で人材格差を乗り越える
―時代をリードする小企業の働き方改革―

2019年7月12日　発行（禁無断転載）

編　者　©日本政策金融公庫
総合研究所
発行者　脇　坂　康　弘

発行所　株式会社 同 友 館
〒113-0033 東京都文京区本郷3-38-1
本 郷 信 徳 ビ ル 3F
電話　03(3813)3966
FAX　03(3818)2774
https://www.doyukan.co.jp/
ISBN 978-4-496-05423-5